Teigtaschen

Sebastian Dickhaut

Gut gefüllt, fein umhüllt

Teigtaschen

Über 70 originelle Rezeptideen
von der Strudeltasche
bis zur Frühlingsrolle

MIDENA

Die Deutsche Bibliothek – CIP-Einheitsaufnahme

Dickhaut, Sebastian:
Gut gefüllt, fein umhüllt : Teigtaschen ; über 70 originelle
Rezeptideen von der Strudeltasche bis zur Frühlingsrolle
/ Sebastian Dickhaut. - Augsburg : Midena, 1998
   ISBN 3-310-00451-1

Midena Verlag, Augsburg
© 1998 Weltbild Verlag GmbH, Augsburg
Alle Rechte vorbehalten

Umschlaggestaltung: KA•BA factory, Augsburg
Umschlagbild: KOPP, Fotografie & Styling, Füssen
Foodfotos: KOPP, Fotografie & Styling, Füssen
Layout: Cornelia Osterbrauck, München;
   Marion Kraus, Augsburg
Freisteller, Satz: Butzke Design, Dolldorf
Lithos: Pädagogika Zentrale, Seelze
Druck und Bindung: Offizin Andersen Nexö, Leipzig –
   ein Betrieb der INTERDRUCK Graphischer
   Großbetrieb GmbH

Printed in Germany

Gedruckt auf umweltfreundlich elementar chlorfrei
gebleichtem Papier

ISBN 3-310-00451-1

Inhaltsverzeichnis

Auf mediterrane Art 42

Auf asiatische Art 66

Auf internationale Art 84

Auf süße Art 104

Abkürzungen

EL = Eßlöffel
TL = Teelöffel
Msp. = Messerspitze
g   = Gramm
l   = Liter
ml = Milliliter

Viel Genuß
auf einen Biß

Wer Teigtaschen mag, mag's unkompliziert. Denn diese lecker gefüllten Stückchen machen das Genießen leicht – ein Biß, und schon geht's los mit vollem Geschmack. Die mal knusprige, mal luftige Hülle sorgt dabei auf die leichte Art fürs Sattwerden, und darunter warten die tollen Aromen und wertvollen Nährstoffe von Gemüse, Fleisch, Fisch, Milchprodukten oder auch Früchten. Komplett wie sie sind, eignen sich Teigtaschen als Fingerfood für die Stehparty genauso wie als ganze Mahlzeit. Und als wahre kulinarische Wundertüten garantieren sie, daß es mit ihnen nie langweilig wird. Die mehr als 70 Rezepte in diesem Buch sind das beste Beispiel dafür.

Teig kneten, ausrollen und zuschneiden, die Teile mit Füllung belegen, zuklappen und backen – daß damit die Welt der Teigtasche gerade mal anfängt, werden Sie beim Blättern schnell merken. Deutschland hat seine Maultaschen, Italien seine Ravioli; die Spanier braten blättrige Empanadas in der Pfanne, in China werden Baozi aus Hefeteig im Bambusdämpfer gegart; fritierte Samosas liebt man in Indien, Strudeltaschen in Österreich. Natürlich finden Sie all diese klassischen Rezepte in diesem Buch. Doch einen ebenso großen Teil machen phantasievolle Kreationen aus, wobei selbst die ungewöhnlichen fast immer aus bekannten Zutaten bestehen.

»Jedes Rezept muß in die heutige Zeit passen« — das war das Motto bei der Entwicklung dieser Sammlung. Nur knapp ein Drittel der Rezepte enthält Fleisch oder Fisch, und auch da spielen diese selten die Hauptrolle. Verglichen mit der Arbeit für eine komplette Mahlzeit, sind Teigtaschen in der Zubereitung nicht zu aufwendig. Spezielle Wertmarken zeigen auf einen Blick, ob eine Teigtasche »leicht gemacht« ist oder »etwas Zeit« braucht; die Unterteilung in Arbeits-, Gar- und Ruhezeiten macht die Einschätzung noch leichter – wobei Arbeits- und Ruhezeiten oft parallel laufen.

Also, jetzt keine Zeit mehr verloren und ran an die kulinarischen Wundertüten!

Feine Teige – mal zart, mal knusprig

Was kommt zuerst bei der Teigtasche – der Teig oder die Füllung? Fast immer der Teig, da dieses Gemisch aus gemahlenen und flüssigen Zutaten bzw. Fetten und Eiern eine gewisse Zeit ruhen muß, bis sich alle Komponenten optimal verbunden haben — oft lange genug, um die Füllung zuzubereiten. Nur manchmal sind Teige »empfindlicher« als die Füllung und müssen ganz frisch gemacht und verarbeitet werden.

Gerade bei länger ruhenden Teigen wie dem Mürbe- oder Quark-Blätterteig ist es wichtig, die Zutaten zügig zu verkneten. Deswegen spielt die Vorbereitung eine große Rolle.

Wichtig ist die stets gleiche Temperatur der Zutaten. So ist beim Mürbeteig selbst beim Mehl Kühlschrankkälte gefragt, beim Hefeteig müssen auch die Eier zimmerwarm sein.

Achten Sie vor allem beim Ausrollen des Teiges und Formen der Teigtaschen darauf, unnötige Handgriffe und Unterbrechungen zu vermeiden – damit die Teigtaschen ganz frisch gegart werden. Schaffen Sie genügend Platz auf der Arbeitsfläche, stellen Sie Mehl sowie Ei oder Flüssigkeit zum Bepinseln bereit, und die Füllung natürlich. Wird im Ofen gebacken, sollten Sie die Backbleche vorbereiten und den Ofen rechtzeitig vorheizen.

> Die Basiswerkzeuge: Teigroller, Teigrad (glatt und gewellt), Pinsel zum »Mehlkehren«, Pinsel zum Bestreichen, runde Ausstecher (Ø 8-12 cm; Schüssel- und Tassenrand tun's aber auch), eine gute Küchenmaschine (mind. 500 W).

> Teigreste können Sie meist wieder verkneten und ausstechen. Das geht jedoch nicht bei Blätter- und Mürbeteigen, die Sie lieber gerade zuschneiden sollten.

Die meisten Teige werden mit Mehl ausgerollt. Nehmen Sie davon so viel wie nötig und so wenig wie möglich – der Teig darf nicht festkleben, doch sollte er auch nicht mehltrocken werden. Nach dem Zuschneiden oder Ausstechen wird von den Teigstücken mit einem Pinsel das überschüssige Mehl »abgekehrt«, ebenso nach dem endgültigen Formen der Teigtaschen.

Tips zum Hefeteig

Hefeteig ist ein klassischer Teig für pikantes Gebäck, er ist Basis für die italienische Calzone wie für die chinesischen gefüllten Dampfbrötchen Baozi. Für gewöhnlich läßt man ihn dreimal gehen – einmal den Vorteig aus Hefe, lauwarmer Flüssigkeit und etwas Zucker sowie Mehl, einmal den ganzen Teig, einmal die geformten Taschen. Doch auch nur ein zweimaliges oder einmaliges Gehen ist möglich – je nach gewünschtem Effekt.

Eins ist allen Hefeteigen gemeinsam: Sämtliche Zutaten müssen Zimmerwärme haben, damit die Hefebakterien optimal arbeiten können. Beim Anrühren des Vorteiges ist für die Flüssigkeit Handwärme (um die 37 °C) ideal, ab 50 °C sterben die Hefen bereits ab. Zucker und etwas Mehl sind eine gute Nahrung für die Hefe, Fettes wie Butter oder Eigelb bremst und ist daher im Vorteig unerwünscht. Fette Zutaten sollten auch nach dem ersten Gehen nie direkt in den Vorteig geknetet werden.

Rezepte mit Hefeteig finden Sie auf den Seiten 23, 50, 64, 65, 78, 80, 81, 87, 90, 92, 102 und 112.

»Not«-Hefeteig auf die Schnelle: Zutaten verkneten und zu Teigtaschen verarbeiten, bei 50 °C etwa 10 Minuten im Ofen gehen lassen und dann wie empfohlen backen.

Beim Gehen selbst sind Kälte und Zugluft Gift für die Hefe. Decken Sie den Teig immer mit einem Tuch ab. Stellen Sie ihn keinesfalls in die Nähe von Fenster oder Tür und vermeiden Sie unbedingt Zugluft – dann kann nichts schiefgehen.

Wenn der Teig im Ganzen gegangen ist, wird er nochmals verknetet, damit frische Luft die gegärte vertreibt. Wenn der Teig jetzt noch klebt, muß noch etwas Mehl dazu.

Denken Sie daran, daß Hefetaschen beim Garen im Ofen noch aufgehen. Setzen Sie sie also je nach Größe in genügendem Abstand aufs Blech – drei Zentimeter sollten es mindestens sein. Frisch gegart schmeckt Hefeteig übrigens am besten.

Tips zum Quark-Öl-Teig

Der Quark-Öl-Teig ist der »lockere Bruder« des Hefeteigs, da er ihm im Ergebnis ähnlich ist, aber einfacher gehandhabt wird als dieser. Er eignet sich als Alternative bei luftigen Hefegebäcken aus dem Ofen. Größere Mengen Zucker verträgt er besser als Hefeteig.

Der Quark – besonders Magerquark – macht ihn luftig. Allerdings darf der Quark nicht zu naß sein. Ist das der Fall, den Quark in ein Küchentuch geben und sanft ausdrücken. Öl gibt diesem Teig Geschmeidigkeit, und etwas Backpulver noch zusätzlich Auftrieb. Quark-Öl-Teig kann etwas saftiger und schwerer als Hefeteig ausfallen.

Wärme verträgt dieser Teig nicht, so daß alle Zutaten möglichst kalt sein und schnell verarbeitet werden müssen. Dazu erst alle trockenen Zutaten wie Mehl und Backpulver und alle flüssigeren Zutaten wie Quark und Öl separat mischen und dann schnell miteinander verkneten.

Quark-Öl-Teig kann gleich nach dem Kneten verarbeitet werden. Wie auch der Hefeteig schmeckt er ganz frisch am besten.

Rezepte mit Quark-Öl-Teig finden Sie auf den Seiten 52 und 110.

Rezepte mit Mürbeteig finden Sie auf den Seiten 111, 113 und 124.

Tips zum Mürbeteig

Mürbeteig ist vor allem für süße Teigtaschen geeignet und wird gewöhnlich »auf die kalte Art« zubereitet. Dazu müssen sämtliche Zutaten – Butter, Mehl, Eier, Milchprodukte – gut durchgekühlt sein. Die Butter wird in kleine Stücke geschnitten und auf der Arbeitsplatte mit Hilfe eines Küchenmessers mit dem Mehl zu einem krümeligen Teig verhackt – mit einer leistungsfähigen Küchenmaschine geht das auch.

Sobald Krümel entstanden sind, werden die übrigen Zutaten dazugeknetet – mit der Maschine oder mit unter dem Wasserhahn gekühlten, aber trockenen Händen. Kneten Sie den Teig nicht zu lange, sonst wird er warm und schmierig.

Jetzt wickeln Sie den Teig in Folie oder in eine Plastiktüte und lassen ihn mindestens 2 Stunden im Kühlschrank durchkühlen. Beim Ausrollen und Formen ist ebenfalls wichtig, daß der Teig nicht zu warm wird. Am besten, Sie drücken den Teig schon vor dem Kühlen etwas flach, dann läßt er sich gut ausrollen.

Tips zum Blätterteig

Selbstgemachter Butterblätterteig ist zwar etwas Feines, aber er macht auch sehr viel Arbeit. Denn dazu muß ein Mehl-Wasser-Teig ausgerollt, mit Butter belegt, gefaltet und erneut ausgerollt werden, und dies in mehreren Schritten. Für die heimische Teigtaschenküche ist da guter Blätterteig aus der Tiefkühltheke ein toller Ersatz.

In diesem Buch ist die 450-g-Packung mit 6 Teigplatten die Basis für alle Rezepte. Breiten Sie die Platten auf der Arbeitsfläche aus und lassen Sie sie auftauen.
Jetzt kann der Teig entweder sofort verarbeitet oder zu einer großen Platte ausgerollt werden.

Dazu fünf Platten mit Wasser bepinseln, übereinanderlegen und die sechste obenauf geben. Nun mit Mehl den Teig sanft ausrollen, dabei gleichmäßig in alle Richtungen rollen, damit der Teig später nicht zusammenschnurrt. Anschließend den Teig wenden und mit einer Gabel mehrfach einstechen. 15minütiges Kühlen im Kühlschrank nimmt ihm jetzt noch etwas Spannung.

Anschließend wird der Teig zugeschnitten oder ausgestochen. Vor dem Zusamenklappen der Teigtaschen müssen die Ränder mit Eigelb oder Eiweiß bestrichen werden, damit der Teig beim Backen nicht aufplatzt. Achten Sie aber darauf, daß die Kanten nicht verkleben, weil die Tasche sonst ungleichmäßig aufgeht.

Fertig geformte Blätterteigtaschen werden auf ungefettete Backbleche gesetzt, die entweder mit Backpapier belegt oder mit kaltem Wasser besprengt sind. Dort sollten sie noch einige Minuten ruhen, bevor sie in den heißen Ofen kommen.

Rezepte mit Blätterteig finden Sie auf den Seiten 34-36, 57, 62, 96, 97, 108 und 122.

Schneiden Sie Blätterteig mit einem scharfen Messer zu, damit die einzelnen Teigschichten nicht zerdrückt werden.

Rezepte mit Quark-Blätterteig finden Sie auf den Seiten 27, 32 und 53.

Tips zum Quark-Blätterteig

Wieder ist es der Quark, der hier eine gute Alternative zu einem etwas aufwendigeren Teig schafft. Quark-Blätterteig geht ähnlich plustrig auf wie sein berühmter Verwandter, der Blätterteig, besitzt dabei jedoch einen leicht säuerlichen Geschmack. Er paßt daher besonders gut zu Gemüse- und Fischfüllungen.

Quark-Blätterteig setzt sich aus gleichen Teilen Mehl, Butter und Quark zusammen und wird ganz ähnlich wie Mürbeteig zubereitet: Kalte Butterstückchen werden mit dem gekühlten Mehl zu einem krümeligen Teig verhackt, der dann mit dem kalten und sehr gut abgetropften Quark schnell vermengt wird. Auch dieser Teig sollte mindestens 2 Stunden in Folie gewickelt im Kühlschrank kühlen.

Besonders gut gelingt Quark-Blätterteig mit trockenem Magerquark wie dem österreichischen Topfen oder dem für Käsekuchen verwendeten Schichtkäse.

Tips zum Strudelteig

Auch selbstgemachter Strudelteig macht etwas Mühe – speziell das hauchdünne Ausziehen. Abhilfe schafft Fertigteig aus der Kühltheke. In diesem Buch basieren die Rezepte auf 100-g-Packungen Strudelteig, die ein Strudelblatt von 30 x 40 cm enthalten.

Dieser Fertigteig wird sowohl an der Luft als auch im kalten Zustand schnell brüchig. Holen Sie ihn deswegen 2 Stunden vor dem Verabeiten aus dem Kühlschrank und erst vor dem Füllen aus der Packung.

Rezepte mit Strudelteig finden Sie auf den Seiten 30, 31, 95, 106 und 107.

Rezepte mit Reispapier finden Sie auf den Seiten 70, 72 und 73.

Dann wird der Teig behutsam auseinandergefaltet, zugeschnitten und auf ein Geschirrtuch gelegt – ungenutzte Blätter mit einem feuchten Tuch abdecken. Jedes Blatt wird mit zerlassener Butter bestrichen, mit Füllung belegt, eingeschlagen und durch Anheben des Tuchs gerollt. Vor und während des Backens werden die Strudeltaschen mit Butter bestrichen.

Tips zum Reispapier

Diese »Strudelblätter Asiens« erhalten Sie in verschiedenen Größen in Asien-Läden. Sie werden aus Reismehl hergestellt und können für fritierte, gebratene, gedämpfte und rohe Teigtaschen verwendet werden.

Achten Sie beim Einkauf darauf, daß die Blätter möglichst unversehrt sind – jeder Riß läßt später Füllung durch.

Zum Verarbeiten wird Reispapier befeuchtet. Dazu können Sie es in Flüssigkeit (Wasser, Wein, Bier) legen, bis es weiß wird, oder zwischen zwei feuchten Tüchern etwa zehn Minuten einweichen; auch Bepinseln oder Besprühen ist möglich. Das Blatt sollte gerade formbar, aber noch nicht aufgeweicht sein, so daß die Füllung darin gut und sicher aufgehoben ist.

Tips zum Nudelteig

Wer eine mechanische Nudelmaschine besitzt, sollte den Nudelteig für Teigtaschen ruhig selbst machen. Das Ergebnis lohnt es und das Ganze macht weniger Mühe als Sie denken.

Für gewöhnlich eignet sich Eiernudelteig – auf 100 g Mehl je 1 Ei – für alle Teigtaschen. Auch in den Teig für Ravioli kommt Ei, damit sie geschmeidiger werden. Die Zutaten werden zimmerwarm glatt und ohne Poren verknetet – von Hand dauert das 15-20 Minuten, mit der Maschine 5-10 Minuten.

Dann wird die Teigkugel mit Öl bestrichen und unter einer angewärmten Schüssel 1 Stunde »in Ruhe gelassen«. Nun geht's ans Ausrollen – auf bemehlter Fläche bis zur Messerrückendicke. Mit der Maschine kein Problem.

Einmal ausgerollter Teig muß schnell zugeschnitten oder geformt werden, da er sonst zu trocken wird. Rollen Sie daher immer nur so viel wie nötig aus und decken Sie übrigen Teig mit Folie ab.

Nun können Sie entweder auf eine Teigplatte in Abständen die Füllung setzen, den Teigzwischenraum mit Wasser bepinseln und eine zweite Platte darüberlegen. Diese in

Rezepte mit Nudelteig finden Sie auf den Seiten 38, 40, 41, 44-46, 94, 118, 120 und 121.

Rezepte für Wan Tans finden Sie auf den Seiten 76 und 77.

Frische Nudeltaschen werden portionsweise in reichlich Salzwasser gegart und nach 3-5 Minuten vorsichtig mit der Schaumkelle herausgenommen.

den Zwischenräumen fest andrücken und mit einem Teigrad zuschneiden. Oder Sie stechen runde Teigscheiben aus, geben Füllung in die Mitte, befeuchten die Ränder und klappen die Taschen zusammen. Immer ist wichtig, daß die Füllung stramm sitzt. Nun die Taschen mindestens 15 Minuten antrocknen lassen.

Für Wan Tans gibt es in Asien-Läden spezielle hauchdünne Nudelblätter in der Tiefkühltruhe, die aufgetaut und dann wie Nudelteig verarbeitet werden. Wan Tans können entweder gekocht, gedämpft oder fritiert werden.

Tips zum Crêpe-Teig

Auch gebratene Teigfladen eignen sich als Hülle für Teigtaschen. Sie bestehen normalerweise aus Flüssigkeit (meist Milch), Ei und Mehl bzw. Stärke. Das wird alles verrührt, bis sich die Klümpchen aufgelöst haben. Dann muß der Teig mindestens 30 Minuten quellen.

Nun in einer beschichteten Pfanne ganz wenig Fett erhitzen, den Teig hineinlaufen lassen und die Pfanne drehen, so daß der Boden dünn und gleichmäßig mit Teig bedeckt ist. Überflüssigen Teig gießen Sie wieder zurück.

Jetzt die Teigfladen auf beiden Seiten nicht zu dunkel backen und aufeinander schichten. Dann die Füllung einrollen, einschlagen oder in Säckchen packen. Die Teigfladen lassen sich gut verpackt im Kühlschrank aufbewahren, sollten aber bei Zimmertemperatur verarbeitet werden.

Chinesische Frühlingsrollen werden mit hauchdünnen Crêpes gemacht, die es tiefgefroren in Asien-Läden gibt –

einmal etwa 20 x 20 cm groß für ganze Portionen, einmal
halb so groß für Fingerfood.

Die Crêpes werden aufgetaut mit Wasser bestrichen und je zweifach über-
einandergelegt. Dann mit Füllung belegen, die Ränder mit einem Mehl-
Wasser-Gemisch bestreichen und alles
einrollen. Frühlingsrollen können im
Ofen gegart, gebraten oder fritiert
werden – wobei letzteres die klassische Methode darstellt.

Rezepte mit Crêpe- oder Pfannkuchenteig
finden Sie auf den Seiten 28, 48, 69 und 88,
ein Rezept für Frühlingsrollen auf Seite 68.

Pfannkuchen für Teigtaschen werden möglichst hell gebraten, damit sie später im
Ofen nicht zu dunkel werden.

Gut gefüllt

Bei den Füllungen von Teigtaschen sind der Phantasie im
Grunde keine Grenzen gesetzt, doch ein paar Dinge machen die Arbeit leichter. Die einzelnen Teigtaschen sollten
die gleiche Größe haben, damit auch das Ergebnis gleichmäßig ausfällt. Je nach Garzeit der Teigtaschen muß die
Füllung noch vor dem Garen genügend Biß besitzen. Wichtig ist auch, daß die Füllung nicht zu feucht ist, da sie sonst
den Teig schnell aufweichen kann.

Das schmeckt zu Teigtaschen

Die meisten Teigtaschen in diesem
Buch bieten eine komplette Mahlzeit.
Dips, kalte und warme Saucen sind oft
eine gute Ergänzung, bei süßen Taschen auch Eis, Schlagsahne oder
Dessertsaucen.
Ansonsten gilt: Es paßt, was fehlt –
etwa ein Salat zu einer fleisch- oder
kohlenhydratreichen Tasche. Und
manche Teigtaschen eignen sich
sogar selbst als Beilage.

Zum Aufwärmen von gebackenen Teigtaschen diese in den kalten Ofen geben, ihn
auf Backtemperatur aufheizen und die Taschen 20-30 Minuten backen.

Beim Fritieren von Teigtaschen Topf oder
Friteuse zu drei Vierteln mit Fett füllen und,
damit die Hitze erhalten bleibt, die Stücke
in kleinen Portionen bei 180 °C ausbacken.

Was beim Formen von Teigtaschen zählt

1 Rollen Sie den Teig gleichmäßig aus. Hauchdünn bedeutet messerrückendick, dünn steht für 2-3 mm, manchmal kann der Teig aber auch bis zu 5 mm dick sein.

2 Schneiden Sie den Teig mit einem scharfen Messer oder Teigrad zu oder stechen Sie ihn rund aus. Gewellte Teigräder und Kranzausstecher sorgen dabei automatisch für ein Muster.

3 Meist sind 1-2 EL Füllung genug. Geht die Füllung beim Backen auf (z.B. bei den Topfenstrudeltaschen), reduzieren Sie; geht der Teig auf (z.B. bei Hefeteigtaschen), erhöhen Sie. Die Füllung kommt beim Zusammenklappen in eine Hälfte, wobei ein sauberer Rand verbleibt. Dieser wird manchmal mit Wasser (z.B. bei Nudeltaschen) oder Ei (z.B. bei Blätterteigtaschen) bestrichen.

4 Nun die andere Teighälfte darüberschlagen und andrücken – aber nicht zu fest, damit der Rand nicht zu breit wird. Mit Gabelzinken läßt sich ein Muster formen, auch kleine Falten sorgen für Dekoration und zusätzlichen Verschluß.

5 Vor dem Backen werden viele Teigtaschen mit Eigelb bestrichen, das ihnen im Ofen Glanz und Kruste verleiht. Es kann mit etwas Öl oder Sahne vermischt sein. Auch Kondensmilch sorgt für Glanz.

6 Zusätzlich können Sie bestrichene Teigtaschen je nach Füllung mit Kernen und Samen wie Mandelblättchen, Kürbis- oder Sonnenblumenkernen, Sesam und Leinsamen bestreuen. Auch Gewürze wie Anis, Fenchel oder Kümmel machen sich gut, wenn's paßt, ebenso geriebener Käse – den aber erst 5 Minuten vor Schluß aufstreuen. Und nun – guten Appetit!

Spezielle Ausstecher machen
das Ausstechen leichter; aber
auch eine Tasse eignet sich.

Achten Sie beim Belegen darauf,
daß die Ränder sauber bleiben.

Beim Zusammenklappen die
Füllung stramm ummanteln.

Bestreichen Sie die Teigtaschen
erst kurz vor dem Backen, damit
nichts antrocknet.

Auf beliebte Art

Oft sind es gerade die schlichten, bekannten Zutaten, die in ungewohnter Kombination für Überraschung sorgen. Ganz besonders, wenn sie sich in einer Teigtasche verbergen. In diesem Kapitel finden Sie vor allem Zutaten aus unserer Region: Gemüse und Kräuter aus heimischen Gärten, ein wenig Fleisch, ein wenig Fisch, alles in allem hat jedes Rezept das Zeug zum Lieblingsgericht ...

Preiswert
Für 4-6 Personen

Für den Teig

400 g mehligkochende Kartoffeln	
2 Eigelb	
40 g weiche Butter	
40 g Weizengrieß	
150 g Weizenmehl	

Für die Füllung

2 Bund Wildkräuter (Bärlauch, Brennessel, Löwenzahn u. a.; ersatzweise aromatische Salatkräuter)
80 g Emmentaler
220 g Doppelrahmfrischkäse
3 Eigelb

Außerdem

Salz, Pfeffer
Muskatnuß
Mehl zum Ausrollen
1 Eigelb zum Bestreichen
40 g Butter

Arbeitszeit: 1 ½ Stunden
Ruhezeit: 15 Minuten
Garzeit: insgesamt
25 Minuten

Tip

Wildkräuter werden auf vielen Märkten angeboten. Wer sie selbst sammelt, sollte auf geschützte Pflanzen achten und wegen der möglichen Schadstoffbelastung der Kräuter die Nähe von Straßen meiden.

Kartoffeltaschen mit Wildkräutern

1 Für den Teig die Kartoffeln waschen und ungeschält in Salzwasser in etwa 20 Minuten weich kochen. Kartoffeln noch heiß pellen und durch die Kartoffelpresse drücken.

2 Die heiße Masse mit den übrigen Zutaten verkneten, mit Salz, Pfeffer und Muskat abschmecken und den Teig 15 Minuten bei Zimmertemperatur ruhen lassen.

3 Inzwischen die Kräuter waschen, trockenschütteln und die Blätter hacken. Den Emmentaler fein reiben. Den Frischkäse mit den Eigelben glattrühren und mit dem Käse und den Kräutern vermengen. Die Füllung mit Salz, Pfeffer und Muskat abschmecken.

4 Den Kartoffelteig auf bemehlter Fläche dünn ausrollen und Kreise ausstechen (Ø 8 cm). Den übrigen Teig verkneten, ausrollen und erneut ausstechen. Die Ränder mit verquirltem Eigelb bestreichen. In eine Hälfte der Kreise jeweils 1 EL Füllung geben. Die andere Hälfte darüberschlagen und fest andrücken.

5 Die Kartoffeltaschen in reichlich Salzwasser 6-8 Minuten kochen, dabei nicht zu viele auf einmal in den Topf geben.

6 Die Butter zerlassen und die gut abgetropften Taschen darin goldgelb braten.

Bild Seite 20/21

Kartoffel-Hefe-Taschen mit Rotkraut

1 Die Kartoffeln waschen und ungeschält in Salzwasser in etwa 20 Minuten weich kochen. Die Knollen heiß pellen, durch die Presse drücken und abkühlen lassen. Das Rotkraut putzen, vierteln, von Strunk und festen Blattrippen befreien und in Streifen hobeln. Die Zwiebel schälen und in Streifen schneiden.

2 Die Zwiebeln in der Butter glasig braten. Rotkraut waschen und tropfnaß samt Lorbeerblatt, Zitronensaft und -schale zugeben. Alles salzen und pfeffern und zugedeckt in etwa 40 Minuten bei schwacher Hitze bißfest schmoren. Falls nötig, ab und zu etwas Wasser zugeben. Zum Schluß das Quittengelee einrühren und die Flüssigkeit einkochen lassen. Alles abkühlen lassen.

3 Für den Teig die Hefe mit der Milch glattrühren. Die Kartoffelmasse mit Mehl und Stärke mischen und mit der Hefemilch sowie der Butter verkneten. Zugedeckt an einem warmen Ort 40 Minuten gehen lassen.

4 Den Apfel schälen, vierteln, vom Kerngehäuse befreien und würfeln. Samt den Walnußkernen mit dem Rotkraut vermischen. Den Ofen auf 200 Grad vorheizen.

5 Den Kartoffelteig erneut verkneten, zur Rolle formen und in 12 Stücke teilen. Diese auf bemehlter Fläche zu Kreisen (Ø etwa 12 cm) ausrollen. Die Ränder mit Eigelb bestreichen, je 1 EL Füllung auf eine Kreishälfte setzen und die andere Hälfte darüberschlagen. Den Teig zusammendrücken und den Rand nach innen falten.

6 Die Taschen auf ein gebuttertes Backblech setzen und nochmals 10 Minuten gehen lassen. Mit Eigelb bestreichen und im Ofen in 30-35 Minuten goldgelb backen.

Braucht etwas Zeit
Ergibt 12 Stück

Für den Teig
300 g vorwiegend festkochende Kartoffeln

30 g frische Hefe

$1/8$ l lauwarme Milch

250 g Weizenmehl

60 g Speisestärke

50 g weiche Butter

Für die Füllung
300 g Rotkraut

1 kleine Zwiebel

3 EL Butter

1 Lorbeerblatt

3 EL Zitronensaft

1 Msp. Zitronenschale

1 EL Quittengelee

1 kleiner säuerlicher Apfel

3 EL gehackte Walnußkerne

Außerdem
Salz, Pfeffer

Mehl zum Ausrollen

1-2 Eigelb zum Bestreichen

Butter für das Backblech

Arbeitszeit: 1½ Stunden
Ruhezeit: 50 Minuten
Garzeit: 30-35 Minuten
E-Herd 200 °C/
Umluft 180 °C/Gas Stufe 3

Das mögen Kinder
Ergibt 22 Stück

Für den Teig

150 g weiche Kräuterbutter	
1/8 l Schlagsahne	
200 g geriebener Emmentaler	
250 g Weizenmehl	
1/2 TL Backpulver	

Für die Füllung

150 g Knollensellerie	
150 g Steckrüben oder Möhren	
150 g Putenbrust	
1 Knoblauchzehe	
4 EL Öl	
1 TL Paprikapulver edelsüß	
2 Bund Schnittlauch	
1/2 TL Kümmel	
100 g körniger Frischkäse	
Salz, Pfeffer	

Außerdem

Mehl zum Ausrollen
1-2 Eigelb zum Bestreichen
Butter für die Backbleche

Arbeitszeit: 1 1/2 Stunden
Ruhezeit: 2 Stunden
Garzeit: 20 Minuten
E-Herd 200 °C/
Umluft 180 °C/Gas Stufe 3

Käsetaschen mit Putenstreifen

1 Für den Teig die Kräuterbutter mit der Sahne und dem Käse glattrühren. Das Mehl mit dem Backpulver mischen und zügig mit der Buttermischung verkneten. Den Teig in Folie wickeln und 2 Stunden in den Kühlschrank legen.

2 Den Sellerie und die Rüben schälen und in kleine Würfel schneiden. Die Putenbrust in feine Streifen schneiden. Den Knoblauch schälen und fein hacken. Mit 2 EL Öl und dem Paprikapulver verrühren und damit die Putenstreifen einreiben. Den Schnittlauch waschen, trockenschwenken und in Röllchen schneiden.

3 Die Gemüsewürfel mit dem Kümmel in 2 EL Öl anbraten, ein paar Spritzer Wasser zugeben und alles zugedeckt bei schwacher Hitze in etwa 5 Minuten bißfest dünsten. Abkühlen lassen und mit der Putenbrust, dem Schnittlauch und dem Frischkäse vermengen. Die Füllung mit Salz und Pfeffer abschmecken.

4 Den Teig auf bemehlter Fläche dünn ausrollen und in Quadrate mit etwa 10 cm Seitenlänge schneiden. Die Ränder mit verquirltem Eigelb bestreichen. Je 1 EL Füllung auf eine Hälfte der Quadrate geben, die andere Hälfte darüberschlagen und die Ränder mit einer Gabel zusammendrücken. Den Ofen auf 200 Grad vorheizen.

5 Die Käsetaschen mit Eigelb bestreichen und mit Kümmel bestreuen. Auf gebutterte Backbleche setzen und im Ofen in 15-20 Minuten goldgelb backen.

Gut vorzubereiten
Ergibt 18 Stück

Für den Teig

250 g Weizenvollkornmehl	
1/2 TL Backpulver	
125 g saure Sahne	
1 Ei	
3 EL Öl	

Für die Füllung

100 g braune Linsen	
200 g Schweinefilet	
1 EL Dijon-Senf bzw. scharfer Senf	
200 g Möhren	
1/2 l Gemüsebrühe	
2 EL saure Sahne	
1 TL gehackter Estragon	
Pfeffer	

Außerdem

Salz	
Mehl zum Ausrollen	
1-2 Eigelb zum Bestreichen	
1 TL Senfkörner	
Butter für die Backbleche	

Arbeitszeit: 50 Minuten
(plus 40 Minuten zum
Kochen der Linsen)
Ruhezeit: 1 Nacht
Garzeit: 20-25 Minuten
E-Herd 225 °C/
Umluft 200 °C/Gas Stufe 4

Sauerrahmtaschen mit Schweinefilet und Linsen

1 Das Mehl mit dem Backpulver mischen und mit saurer Sahne, Ei, Öl und 1/2 TL Salz zu einem glatten Teig verkneten. Den Teig in Folie wickeln und über Nacht im Kühlschrank ruhen lassen. Die Linsen über Nacht in kaltem Wasser einweichen.

2 Das Schweinefilet von Häuten befreien und würfeln. Das Fleisch mit dem Senf vermischen und kühl stellen. Die Möhren schälen und in dünne Scheiben schneiden.

3 Die Linsen abgießen und in der Gemüsebrühe in etwa 40 Minuten bißfest kochen, dabei nach 15 Minuten Garzeit die Möhren zugeben. Alles abkühlen lassen und mit Schweinefilet, saurer Sahne und Estragon vermischen. Die Füllung mit Salz und Pfeffer abschmecken. Den Ofen auf 225 Grad vorheizen.

4 Den Teig auf bemehlter Fläche dünn ausrollen und Kreise (Ø 12 cm) ausstechen. Den übrigen Teig verkneten, ausrollen und erneut ausstechen. Auf je eine Kreishälfte 1 EL Füllung geben, die andere Hälfte darüberschlagen und fest andrücken. Die Ränder mit Eigelb bestreichen.

5 Die Teigtaschen mit Eigelb bestreichen, mit Senfkörnern bestreuen und auf gebutterte Backbleche setzen. Im Ofen in etwa 20 Minuten goldgelb backen.

Variation

Wenn's schnell gehen soll, können Sie diese Taschen auch mit fertigem Blätterteig (450 g) und roten Linsen zubereiten. Diese sind typisch für die indische Küche und müssen nicht eingeweicht werden. Brausen Sie die Linsen in einem Sieb gründlich ab und setzen Sie sie von Anfang an mit den Möhren auf – nach etwa 20 Minuten sind sie bereits bißfest.

Dilltaschen mit Pilzen und Erbsen

1 Den Dill waschen, trockenschwenken und die dünnen Zweige fein hacken. Für den Teig das Mehl mit der Hälfte des Dills und $1/2$ TL Salz vermischen. Die Butter in Stücke schneiden und samt dem Mehl mit einem Messer zu einem krümeligen Teig verhacken. Diesen mit dem Schichtkäse schnell verkneten und in Folie 2 Stunden kühlen.

2 Die Pilze putzen, dabei möglichst nur mit einem trockenen Tuch abwischen. Pilze in nicht zu kleine Stücke zerteilen. Die Schalotten schälen und sehr fein würfeln.

3 Die Erbsen mit der Butter und 2 EL Wasser in einem kleinen geschlossenen Topf 5 Minuten dünsten lassen, so daß die Flüssigkeit völlig verkocht ist.

4 In einer großen Pfanne das Öl stark erhitzen und die Pilze samt den Schalotten darin kurz anbraten, mit Salz und Pfeffer würzen und mit 2 EL Wasser ablöschen. Zugedeckt unter öfterem Rütteln 1 Minute dünsten lassen. Die Pilze mit den Erbsen vermischen, abkühlen lassen und den übrigen Dill zugeben.

5 Den Ofen auf 180 Grad vorheizen. Den Teig auf bemehlter Fläche dünn ausrollen und in Quadrate mit etwa 10 cm Seitenlänge schneiden. Die Füllung darauf jeweils in der Mitte verteilen. Die Ränder mit Eigelb bestreichen und alles zu dreieckigen Teigtaschen zusammenklappen und leicht zusammendrücken.

6 Die Dilltaschen mit dem übrigen verquirlten Eigelb bestreichen, auf ein gebuttertes Backblech setzen und im Ofen in 20-25 Minuten goldgelb und knusprig backen.

Leicht gemacht
Ergibt 8-10 Stück

Für den Teig
150 g Weizenmehl

150 kalte Butter

150 g Schichtkäse oder Magerquark (siehe Tip)

Für die Füllung
400 g frische gemischte Pilze

3 Schalotten

150 g tiefgekühlte Erbsen

1 EL Butter

2 EL Öl

Pfeffer

Außerdem
2 Bund Dill

Salz

Mehl zum Ausrollen

1-2 Eigelb zum Bestreichen

Butter für das Backblech

Arbeitszeit: 1 Stunde
Ruhezeit: 2 Stunden
Garzeit: 20-25 Minuten
E-Herd 200 °C/
Umluft 180 °C/Gas Stufe 3

Tip
Für den Teig ist der trockene Schichtkäse für Käsekuchen oder österreichischer Topfen ideal. Magerquark sollten Sie vor der Verarbeitung gut abtropfen lassen.

Für besondere Anlässe

Ergibt 8-10 Stück

Für den Teig

3 Eier	
$1/4$ l Milch	
70 g Weizenmehl	

Für die Füllung

1 Stange Lauch	
2 Tomaten	
200 g Pfifferlinge	
3 Zweige frischer Thymian	
2 EL Butter	
50 ml Schlagsahne	
2 Eigelb	
Pfeffer	

Außerdem

Salz	
Butter zum Braten und für das Backblech	
1 Bund Schnittlauch	

Arbeitszeit: 1 $1/4$ Stunden
Ruhezeit: 30 Minuten
Garzeit: 10-15 Minuten
E-Herd 180 °C/
Umluft 160 °C/Gas Stufe 2-3

Tip

Zum Häuten der Tomaten ritzen Sie die Schale kreuzweise ein und tauchen die Tomaten etwa 10 Sekunden in kochendes Wasser. Dann werden sie in Eiswasser getaucht und die Schale abgezogen. Wenn's nicht gleich klappt, nochmals überbrühen.

Pfannkuchensäckchen mit Pfifferlingen

1 Die Eier mit der Milch und dem Mehl glattrühren und den Teig 1 Stunde quellen lassen. Dann den Teig mit Salz würzen.

2 Den Lauch putzen, dabei die festen, dunkelgrünen Blätter entfernen. Lauch längs halbieren, waschen und bis zum Strunk quer in dünne Streifen schneiden. Tomaten häuten (siehe Tip), vom Kernfleisch befreien und würfeln. Pfifferlinge putzen, dabei möglichst nur mit einem Tuch abwischen. Größere Pilze zerteilen. Thymian waschen, trockenschwenken und die Blättchen hacken.

3 Die Pfifferlinge in der Butter anbraten. Lauch und Thymian kurz mitbraten, Tomatenwürfel und Sahne zugeben und diese fast einkochen lassen. Neben dem Herd die verquirlten Eigelbe in die heiße Masse rühren, so daß sie bindet. Alles mit Salz und Pfeffer würzen und abkühlen lassen. Den Ofen auf 180 Grad vorheizen.

4 In einer beschichteten Pfanne (Ø 24 cm) etwas Butter zerlassen. Soviel Pfannkuchenteig hineingeben, daß der Boden dünn bedeckt ist. Pfannkuchen in 2 Minuten goldgelb backen, wenden und fertigbacken. Auf diese Art weitere Pfannkuchen backen und abgedeckt beiseite stellen.

5 Schnittlauch waschen und trockenschwenken. Je 1 EL Füllung in die Mitte eines Pfannkuchens geben, diesen wie einen Sack zusammenfalten und mit einem Schnittlauchhalm zubinden.

6 Die Säckchen auf ein gebuttertes Backblech setzen und 10-15 Minuten im Ofen backen.

Das mögen Kinder

Ergibt 12 Stück

700 g Tomaten
1 Salatgurke
1 Bund Lauchzwiebeln
2 EL Kürbiskerne
80 g Butter
200 ml Schlagsahne
1 TL Speisestärke
100 g geriebener Emmentaler
Salz, Pfeffer
300 g Strudelblätter (Fertigprodukt, je 30 x 40 cm)
2 EL gehackte Salatkräuter
Butter für das Backblech

Arbeitszeit: 1¼ Stunden
Garzeit: 20-25 Minuten
E-Herd 180 °C/
Umluft 160 °C/Gas Stufe 2

Strudeltaschen mit Gartengemüse

1 Tomaten häuten (siehe Tip auf Seite 28), entkernen und das Fruchtfleisch in Würfel schneiden. Die Gurke schälen, längs vierteln und die Kerne entfernen. Die Gurke in dünne Scheiben schneiden. Lauchzwiebeln waschen, putzen und in Ringe schneiden.

2 Lauchzwiebeln, Gurken und Kürbiskerne in 3 EL Butter anschwitzen, mit der Sahne ablöschen (1 EL zurückbehalten) und diese um die Hälfte einkochen lassen. Die Gurken sollten dann bißfest sein.

3 Übrige Sahne mit der Speisestärke verrühren, ins Gemüse rühren und nochmals aufkochen lassen. Den Käse darin schmelzen lassen, die Füllung mit Salz und Pfeffer abschmecken und abkühlen lassen.

4 Die übrige Butter zerlassen. Die Strudelblätter auf der Arbeitsfläche ausbreiten und vierteln. Die Blätter mit Butter bestreichen und auf Küchentücher legen. Die Füllung mit den Kräutern vermischen und auf die Strudelblätter streichen, dabei jeweils etwa 2 cm Rand lassen.

5 Den Ofen auf 180 Grad vorheizen. Die Teigstücke an den Längsseiten umschlagen und mit Hilfe der Tücher zu kleinen Strudelpäckchen aufrollen. Diese mit Butter bestreichen und auf ein gebuttertes Backblech setzen.

6 Die Strudeltaschen im Ofen in 20-25 Minuten backen, dabei öfters mit der zerlassenen Butter bestreichen.

Beilagen-Tip
Dazu schmeckt ein Kräuterdip mit Quark oder Joghurt.

Strudeltaschen mit zweierlei Bohnen

1 Die Bohnen waschen, von den Spitzen und falls nötig von den Samenwänden befreien und in 1 cm lange Stücke schneiden. Das Brötchen würfeln. Die Zwiebel schälen und fein würfeln.

2 Die Zwiebeln in 30 g Butter anschwitzen, die Bohnen samt dem Bohnenkraut darin kurz mitbraten. Den Grieß darin anrösten und mit der Brühe ablöschen.

3 Das Gemüse nun 10 Minuten unter Rühren leise köcheln lassen, so daß die Bohnen bißfest sind. Die Füllung mit Salz, Pfeffer und Muskat abschmecken und abkühlen lassen. Die Brötchenwürfel in 30 g Butter anbraten.

4 Die übrige Butter zerlassen. Die grünen Bohnen mit den Brötchenwürfeln und den gut abgetropften Bohnenkernen vermischen. Die Strudelblätter auf der Arbeitsfläche ausbreiten und vierteln. Die Blätter mit Butter bestreichen und auf Küchentücher legen. Die Füllung auf die Strudelblätter streichen, dabei jeweils 1 cm Rand lassen.

5 Den Ofen auf 180 Grad vorheizen. Den Teig jeweils an den Längsseiten umschlagen und alles mit Hilfe der Tücher zu kleinen Strudelpäckchen aufrollen. Diese mit Butter bestreichen und auf ein gebuttertes Backblech setzen.

6 Die Strudeltaschen im Ofen in 20-25 Minuten backen, dabei öfters mit der zerlassenen Butter bestreichen.

Beilagen-Tip
Servieren Sie die fertigen Strudeltaschen einfach nur mit einer Schüssel Sauerrahm – er paßt wunderbar dazu.

Preiswert
Ergibt 12 Stück

200 g grüne Bohnen
1 Brötchen
1 Zwiebel
100 g Butter
1 TL Bohnenkraut
3 EL Vollkornweizengrieß
$1/4$ l Gemüsebrühe
Salz, Pfeffer
Muskatnuß
500 g gegarte Bohnenkerne
300 g Strudelblätter (Fertigprodukt, je 30 x 40 cm)
Butter für das Backblech

Arbeitszeit: 1 $1/4$ Stunden
Garzeit: 20-25 Minuten
E-Herd 180 °C/
Umluft 160 °C/Gas Stufe 2

Tip

Gegarte Bohnenkerne gibt es konserviert zu kaufen. Selbstgemacht geht's so: 200 g getrocknete Bohnenkerne über Nacht in Wasser einweichen und dann in frischem Wasser mit Lorbeer, Zwiebel und ohne Salz in 1 $1/2$ Stunden weich kochen.

Originell
Ergibt 10-12 Stück

Für den Teig

150 g Weizenmehl

150 g kalte Butter

150 g trockener Magerquark
oder Schichtkäse

Für die Füllung

250 g grüner Spargel

20 g Butter

$1/2$ TL Zucker

150 g Raclette-Käse

Außerdem

Salz

Mehl zum Ausrollen

1-2 Eigelb zum Bestreichen

1 EL Mohnsamen

Arbeitszeit: 50 Minuten
Ruhezeit: 2 Stunden
Garzeit: 20-25 Minuten
E-Herd 180 °C/
Umluft 160 °C/Gas Stufe 2-3

Spargel im Schlafrock

1 Für den Teig das Mehl mit $1/2$ TL Salz mischen, die Butter in Stücke schneiden und darüber verteilen. Alles mit einem großen Küchenmesser verhacken und dann schnell mit dem trockenen Quark verkneten. Den Teig in Folie wickeln und 2 Stunden kühlen.

2 Den Spargel waschen, abtropfen lassen und die holzigen Enden entfernen. Falls nötig, das untere Drittel schälen. Die Stangen quer halbieren. 3 Liter Salzwasser mit Butter und Zucker aufkochen.

3 Die Spargelenden darin 3 Minuten kochen, nach 1 Minute die Spargelspitzen zugeben. Nach dem Garen den Spargel in Eiswasser abschrecken, dann abtropfen lassen. Käse in 1 cm dicke Streifen in Länge der Spargelstücke schneiden. Den Ofen auf 180 Grad vorheizen.

4 Den Teig auf bemehlter Fläche dünn ausrollen und in etwa 6 x 10 cm große Rechtecke schneiden, so daß sich die Füllung darin einschlagen läßt. Auf jedes Teigstück eine Spargelspitze, ein Spargelende und ein Stück Käse legen, so daß an den Rändern je etwa 2 cm Platz bleibt.

5 Die Ränder mit Eigelb bestreichen und den Teig jeweils erst von der schmalen und dann von der langen Seite her über die Füllung schlagen. Die Kanten leicht festdrücken.

6 Die Teigtaschen mit Eigelb bestreichen und mit Mohn bestreuen. Auf ein mit Backpapier belegtes Backblech geben und im Ofen in 20-25 Minuten goldgelb backen.

Beilagen-Tip

Sehr gut schmeckt es auch, wenn Sie noch je 1 Scheibe Lachsschinken oder geräucherten Lachs auf die Teigstücke legen.

Gut vorzubereiten
Ergibt 12 Stück

12 große Champignons (Ø etwa 5 cm)	
2 Bund Schnittlauch	
150 g weiche Butter	
2 TL Paprikapulver edelsüß	
Salz, Pfeffer	
Zitronensaft	
12 Scheiben Frühstücksspeck (Bacon) in dünnen Scheiben	
450 g tiefgekühlter Blätterteig	
Mehl zum Ausrollen	
1-2 Eigelb zum Bestreichen	

Arbeitszeit: **1¼ Stunden**
Kühlzeit: **1 Stunde**
Garzeit: **20-25 Minuten**
**E-Herd 180 °C/
Umluft 160 °C/Gas Stufe 2-3**

Tip

Ob hell oder dunkel, das spielt bei Champignons geschmacklich keine Rolle. Von den recht keimfrei aufgezogenen Zuchtpilzen sollten Sie nur die Erde abwischen, so daß das Aroma erhalten bleibt. Die raren Wiesenchampignons mit ihrem ausgeprägteren Aroma müssen stets gewaschen und gut abgetrocknet werden.

Champignon-Pastetchen

1 Die Champignons putzen, dabei möglichst nur mit einem trockenen Tuch abwischen. Die Stiele herausdrehen und die Enden abschneiden. Die Stiele fein hacken. Den Schnittlauch waschen, trockenschwenken und in Röllchen schneiden.

2 2 EL Butter erhitzen und die Stiele darin etwa 5 Minuten dünsten, bis alle Flüssigkeit verdampft ist. Dann das Paprikapulver zugeben und kurz mitbraten. Abkühlen lassen und mit der übrigen Butter und dem Schnittlauch vermengen. Mit Salz, Pfeffer und Zitronensaft abschmecken.

3 Die Paprikabutter in die Aushöhlung der Champignonköpfe streichen. Jeden Pilz mit einer Scheibe Frühstücksspeck umwickeln und 1 Stunde kühl stellen.

4 Inzwischen die Blätterteigplatten ausbreiten und auftauen lassen. Bis auf eine Platte alle Teigplatten mit Wasser bestreichen und so übereinander legen, daß die trockene ganz oben liegt. Den Teig auf bemehlter Fläche zu einem dünnen Rechteck ausrollen und mit einer Gabel öfters einstechen. Den Ofen auf 180 Grad vorheizen.

5 Aus dem Teig 12 Kreise (Ø 12 cm) ausstechen und die Ränder mit Eigelb bestreichen. Die Champignons jeweils mit der Öffnung nach oben daraufsetzen und den Teig von vier Ecken her darüberfalten. Die Kanten gut zusammendrücken. Aus dem übrigen Teig kleine Kreise ausstechen, mit Eigelb bestreichen und damit die Pastetchen verschließen.

6 Die Pastetchen wenden, mit Eigelb bestreichen und in genügend Abstand auf ein mit Backpapier belegtes Backblech setzen. Im Ofen in 20-25 Minuten goldgelb backen.

Krabbentaschen mit Gurke

Ein erfrischender Imbiß nach nordischer Art, der an heißen Tagen auch kalt ein Genuß ist.

1 Die Gurke schälen, der Länge nach vierteln und das Kernfleisch herausschneiden. Gurke in kleine Würfel schneiden. Die Zwiebel schälen und würfeln.

2 Die Zwiebeln in der Butter glasig braten, die Gurken kurz mitbraten und mit dem Weißwein ablöschen. Zugedeckt in 15 Minuten bei schwacher Hitze bißfest dünsten. Die Flüssigkeit sollte völlig eingekocht sein. Mit Salz, Pfeffer, Zucker und Zitronensaft abschmecken und abkühlen lassen.

3 Die Blätterteigplatten ausbreiten und auftauen lassen. Die Eier pellen und würfeln. Den Dill waschen, trockenschwenken und die Spitzen hacken. Die abgekühlten Gurken mit der sauren Sahne vermischen. Eier, Dill und Krabben daruntermengen.

4 Den Ofen auf 200 Grad vorheizen. Die Teigplatten halbieren und auf jede Hälfte 1 EL Füllung setzen. Die Teigränder mit etwas verquirltem Eigelb bestreichen und alles zu dreieckigen Teigtaschen zusammenklappen. Die Ränder mit den Zinken einer Gabel fest andrücken.

5 Die Teigtaschen mit dem übrigen Eigelb bestreichen und auf ein mit Backpapier belegtes Backblech setzen. Im Ofen 20-25 Minuten backen, bis sie knusprig und schön aufgegangen sind.

Beilagen-Tip
Dazu paßt ein mit kräftiger Vinaigrette angemachter Blattsalat.

Leicht gemacht
Ergibt 12 Stück

1 Salatgurke
1 Zwiebel
3 EL Butter
5 EL trockener Weißwein
Salz, Pfeffer, Zucker
Zitronensaft
450 g tiefgekühlter Blätterteig
2 hartgekochte Eier
1 Bund Dill
2 EL saure Sahne
150 g ausgelöste Nordseekrabben
1-2 Eigelb zum Bestreichen

Arbeitszeit: **50 Minuten**
Garzeit: **20-25 Minuten**
**E-Herd 200 °C/
Umluft 180 °C/Gas Stufe 3**

Für besondere Anlässe

Ergibt 4 Stück

450 g tiefgekühlter Blätterteig

4 kleine Rotbarschfilets (je 120 g)

Zitronensaft

schwarzer Pfeffer

Meersalz

1-2 Bund Dill

200 g Graved lax

Mehl zum Ausrollen

1-2 Eigelb zum Bestreichen

Arbeitszeit: 1 ½ Stunden
Garzeit: 25-30 Minuten
E-Herd 180 °C/
Umluft 160 °C/Gas Stufe 2-3

Tip

Graved lax ist mit Salz, Kräutern und Gewürzen gebeizter Lachs, der einen natürlichen, jedoch nicht faden und schon gar nicht salzigen Geschmack haben sollte. Sie können ihn auch durch mild geräucherten Lachs ersetzen. Ungewöhnlich, aber delikat: Lachsschinken statt Lachs verwenden.

Rotbarsch im Teigmantel

Ein Gericht für besondere Anlässe, das nicht so schwierig ist, wie es aussieht. Wer etwas Geduld und ein Auge fürs Detail hat, kann hiermit seine Gäste überraschen.

1 Die Blätterteigplatten ausbreiten und auftauen lassen.

2 Die Fischfilets mit kaltem Wasser abspülen und trockentupfen. Mögliche Gräten entfernen und den Fisch mit Zitronensaft, Pfeffer und etwas Salz einreiben. 15 Minuten kühl stellen. Den Dill waschen, trockenschwenken und die Spitzen grob hacken.

3 Die Teigplatten leicht überlappend auf eine bemehlte Fläche legen und zu einem Rechteck ausrollen. Daraus 4 Teigstücke passend zu den Filets schneiden, die rundherum etwa 2 cm breiter sind und am »Schwanz« eine Flosse haben. 4 weitere Teigstücke in Größe der Filets ausschneiden. Alles mit der Gabel einstechen.

4 Die größeren Teigstücke auf ein mit Backpapier belegtes Backblech geben und mit $3/4$ des Graved lax belegen. Die Hälfte des Dills daraufstreuen. Die Rotbarschfilets darauflegen, mit dem übrigen Dill bestreuen und mit dem restlichen Graved lax belegen. Den Teig darüberschlagen. Den Ofen auf 180 Grad vorheizen.

5 Den überlappenden Teig mit verquirltem Eigelb bestreichen, die kleineren Teigstücke auflegen und die Ränder andrücken. Aus dem übrigen Teig kleine Schuppen ausstechen. Die Fische mit Eigelb bestreichen, die Schuppen auflegen. Nach Wunsch Fischköpfe formen sowie Bauch- und Rückenflosse anfügen. Die ganzen Fische mit Eigelb bestreichen und 15 Minuten ruhen lassen.

6 Die Fische im Ofen in 25-30 Minuten goldgelb backen.

Das mögen Kinder
Für 4 Personen

Für den Teig

300 g Weizenmehl	
3 Eier	
2 EL Öl	
2 EL Wasser	

Für die Füllung

250 g Kartoffeln	
1 kleine Zwiebel	
1 EL Butter	
250 g trockener Magerquark oder Schichtkäse	
1 Ei	
2 EL Schlagsahne	
2 EL gehackte Kräuter	
Pfeffer	

Außerdem

Salz	
Mehl zum Ausrollen	

Arbeitszeit: 1 1/4 Stunden
Ruhezeit: 1 1/4 Stunden
Garzeit: insgesamt
25 Minuten

Tip

Vier Kräuter gehören in Kasnudeln (bei denen Kas für trockenen Quark bzw. Topfen steht): Petersilie, Schnittlauch, Kerbel, Minze – am besten Bergminze. Aber auch mit anderen Kräutern schmeckt's.

Kärntner Kasnudeln

1 Das Mehl mit den Eiern, dem Öl, dem Wasser und $1/2$ TL Salz zu einem glatten Nudelteig verkneten. Den Teig in Folie wickeln und 45 Minuten bei Zimmertemperatur ruhen lassen.

2 Inzwischen die Kartoffeln waschen und in Salzwasser in etwa 20 Minuten bißfest kochen. Die Zwiebel schälen, würfeln und in der Butter glasig braten. Die gegarten Kartoffeln noch heiß pellen und durch eine Presse drücken.

3 Die Kartoffelmasse noch heiß mit Quark, Ei und Sahne vermengen. Die abgekühlte Füllung mit den Kräutern mischen und mit Salz und Pfeffer abschmecken.

4 Den Nudelteig zur Hälfte auf bemehlter Fläche dünn ausrollen und Kreise ausstechen (Ø 7 cm). Die Kreise mit Wasser bestreichen und jeweils zur Hälfte in der Mitte mit 1 EL Füllung belegen. Darauf jeweils die übrigen Kreise mit der feuchten Seite nach unten geben und die Ränder mit einer Gabel gut festdrücken. Die Kasnudeln auf einem Gitter 30 Minuten trocknen lassen. In der Zeit den übrigen Teig verarbeiten.

5 Reichlich Salzwasser in einem großen Topf aufkochen und darin die getrockneten Kasnudeln nacheinander in 6-8 Minuten garen. Dabei nicht zu viele auf einmal in den Topf geben, sonst hört das Wasser auf zu kochen.

6 Die fertigen Kasnudeln abtropfen lassen und sofort servieren.

Beilagen-Tip
In Kärnten gibt es zu Kasnudeln reichlich gebräunte Butter mit Kräutern – man kann aber auch einfach einen Klecks frischen Quark dazu genießen.

Klassiker
Für 4 Personen

Für den Teig

150 g Roggenmehl

150 g Weizenmehl

3 Eier

1 EL Öl

Öl zum Bestreichen

Für die Füllung

400 g Zwiebeln

4 EL Butter

1 TL getrockneter Majoran

$1/4$ l Rotwein

60 g geriebener Bergkäse

Pfeffer, Muskatnuß

Außerdem

Salz

Mehl zum Ausrollen

1 Eiweiß

1 Bund Schnittlauch

4 EL Butter

4 EL geriebener Bergkäse

Arbeitszeit: 1 Stunde
Ruhezeit: 1$1/4$ Stunden
Garzeit: insgesamt
25 Minuten

Schlutzkrapfen mit Rotweinzwiebeln

Schlutzkrapfen sind eine deftige Spezialität aus Tirol – der Abschluß mit Butter und Käse macht sie so richtig »schlutzig«.

1 Die beiden Mehlsorten mit $1/2$ TL Salz vermischen und mit Eiern und Öl zu einem glatten Teig verkneten. Den Teig zur Kugel formen, mit Öl bestreichen und bei Zimmertemperatur 1 Stunde ruhen lassen.

2 Zwiebeln schälen, in Streifen schneiden und in der Butter bei schwacher Hitze 5 Minuten dünsten lassen. Zum Schluß den Majoran mitdünsten. Den Rotwein zugießen und bei starker Hitze ganz einkochen lassen. Die Zwiebeln abkühlen lassen, mit dem Käse mischen und mit Salz, Pfeffer und Muskat kräftig abschmecken.

3 Den Teig zur Hälfte auf bemehlter Fläche dünn ausrollen und Kreise ausstechen (Ø 10 cm). Übriggebliebenen Teig erneut verkneten, ausrollen und ausstechen. Die Teigränder mit verquirltem Eiweiß bestreichen.

4 Je 1 EL Füllung auf eine Kreishälfte geben, die andere darüberklappen und die Ränder andrücken. Ebenso restlichen Teig und Füllung verarbeiten. Die Schlutzkrapfen 15 Minuten ruhen lassen.

5 Den Schnittlauch waschen, trockenschwenken und in Röllchen schneiden. In einem großen Topf reichlich Salzwasser aufkochen und die Schlutzkrapfen darin nacheinander in 3-5 Minuten bißfest kochen.

6 Die Butter aufschäumen lassen und den Schnittlauch zugeben. Die gut abgetropften Schlutzkrapfen in Teller geben, mit dem Käse bestreuen und mit der Schnittlauchbutter beträufeln.

Maultaschen mit Möhrenfüllung

1 Das Mehl mit $1/2$ TL Salz mischen und mit den Eiern zu einem glatten Teig verkneten. Den Teig zur Kugel formen, mit Öl bestreichen und bei Zimmertemperatur 1 Stunde ruhen lassen.

2 Die Möhren schälen und in etwa 4 cm dicke Stücke schneiden. Diese in reichlich Salzwasser in 15-20 Minuten weich kochen. Inzwischen die Petersilie waschen, trocken- schwenken und die Blätter grob hacken.

3 Die gegarten Möhren abgießen und fein pürieren. Noch heiß mit dem Käse und den Semmelbröseln ver- mengen. Die Masse mit Pfeffer, Muskat und Zucker abschmecken, abkühlen lassen und mit der Hälfte der Petersilie vermischen.

4 Den Teig auf bemehlter Fläche sehr dünn ausrollen und halbieren. Eine Teigplatte mit Folie abdecken, damit sie nicht austrocknet. Auf die zweite je 1 EL Möhrenmasse im Abstand von etwa 8 cm verteilen. Die Zwischenräume mit Wasser bepinseln.

5 Die zweite Teigplatte darüberlegen, in den Zwischen- räumen gut andrücken und mit einem gewellten Teigrad in Maultaschen teilen. Diese 15 Minuten ruhen lassen.

6 Die Maultaschen in reichlich Salzwasser nacheinander in 3-5 Minuten bißfest kochen. Die Gemüsebrühe auf- kochen, abschmecken und mit den heißen Teigtaschen und der restlichen Petersilie in tiefen Tellern servieren.

Preiswert
Für 4 Personen

Für den Teig

300 Weizenmehl
3 Eier
Öl zum Bestreichen

Für die Füllung

600 g Möhren
70 g geriebener Emmentaler
100 g Semmelbrösel
Pfeffer, Muskatnuß
Zucker

Außerdem

Salz
2 Bund glatte Petersilie
Mehl zum Ausrollen
$3/4$ l kräftige Gemüsebrühe

Arbeitszeit: 1 Stunde
Ruhezeit: $1 1/4$ Stunden
Garzeit: insgesamt
25 Minuten

Auf mediterrane Art

Teigtaschen am Mittelmeer? Da gibt's doch nur Spaghetti und Pizza ... Falsch gedacht, aber zumindest in die richtige Richtung. Denn Ravioli und die gefüllte Pizza Calzone sind natürlich zwei italienische Klassiker der Teigtaschenkultur. Aber auch Spanien, Griechenland und Nordafrika haben in diesem Kapitel Spuren hinterlassen ...

Gut vorzubereiten
Für 4 Personen

Für den Teig

250 g Weizenmehl
50 g Hartweizengrieß
3 Eier
1 EL Öl
1 EL Wasser
Öl zum Bestreichen

Für die Füllung

4 eingelegte Artischocken-herzen
100 g getrocknete Tomaten
15 schwarze Oliven ohne Stein
100 g Thunfisch im eigenen Saft
1 EL gehacktes Basilikum

Außerdem

Salz
Mehl zum Ausrollen
1 Knoblauchzehe
6 EL Olivenöl
$1/2$ TL Tomatenmark
5 EL Artischockenmarinade
5 EL Weißwein
2 EL Crème fraîche
Pfeffer, Zucker

Arbeitszeit: 1 Stunde
Ruhezeit: 1 1/4 Stunden
Garzeit: insgesamt
20 Minuten

Pasta Antipasti

1 Das Mehl mit dem Grieß und $1/2$ TL Salz vermischen und mit Eiern, Öl und Wasser zu einem glatten Nudelteig verkneten. Den Teig mit Öl bestreichen und bei Zimmertemperatur 1 Stunde ruhen lassen.

2 Artischocken, Tomaten, Oliven und Thunfisch gut abtropfen lassen und in kleine Würfel schneiden bzw. fein zerpflücken. Die Füllung mit dem Basilikum mischen und 15 Minuten durchziehen lassen.

3 Den Teig auf bemehlter Fläche sehr dünn ausrollen und halbieren. Eine Teigplatte mit Folie abdecken, damit sie nicht austrocknet. Auf die zweite je 1 EL Füllung im Abstand von etwa 5 cm verteilen. Die Zwischenräume mit Wasser bepinseln.

4 Die zweite Teigplatte darüberlegen, in den Zwischenräumen gut andrücken und mit einem gewellten Teigrad in Ravioli teilen. Die Ränder nochmals gut andrücken. 15 Minuten ruhen lassen.

5 Knoblauch schälen und fein würfeln. In 1 EL Öl glasig braten, dabei das Tomatenmark kurz mitbraten. Marinade, Wein und Crème fraîche zugeben und um die Hälfte einkochen lassen. Mit Salz, Pfeffer und Zucker würzen.

6 Die Ravioli nacheinander in reichlich Salzwasser in 3-5 Minuten bißfest kochen. Das übrige Öl nach und nach unter die heiße Sauce schlagen, die gut abgetropften Ravioli darin schwenken und servieren.

Bild Seite 42/43

Dinkelravioli mit Ricotta

1 Dinkel- und Weizenmehl mit $^1/_2$ TL Salz vermischen und mit den Eiern, dem Öl und dem Wasser zu einem glatten Teig verkneten. Den Teig zur Kugel formen, mit Öl bestreichen und bei Zimmertemperatur 1 Stunde ruhen lassen.

2 Den Spinat gründlich waschen und putzen, dabei die festeren Stiele entfernen. Die Blätter in reichlich Salzwasser aufwallen lassen und in einem Sieb mit kaltem Wasser abbrausen. Den Spinat sehr gut ausdrücken und grob hacken.

3 Ricotta mit den Eiern und dem Parmesan glattrühren, den Spinat daruntermengen und die Füllung mit Salz und Pfeffer abschmecken.

4 Den Teig auf bemehlter Fläche dünn ausrollen und Kreise ausstechen (Ø 10 cm). Den übrigen Teig erneut verkneten, ausrollen und ausstechen. Die Teigränder mit Wasser bestreichen. Jeweils 1 EL Füllung auf eine Kreishälfte geben, die andere Hälfte darüberklappen und die Ränder fest andrücken. Die Ravioli 15 Minuten ruhen lassen.

5 Den Salbei waschen, trockenschwenken und in Streifen schneiden. Die Dinkelravioli nacheinander in reichlich Salzwasser in 8-10 Minuten bißfest kochen.

6 Die Butter in einer Pfanne aufschäumen lassen, den Salbei zugeben und die gut abgetropften Ravioli darin schwenken. Mit Parmesan bestreut servieren.

Klassiker
Für 4-6 Personen

Für den Teig
150 g Dinkelmehl

100 g Weizenmehl

3 Eier

1 EL Öl

1 EL Wasser

Öl zum Bestreichen

Für die Füllung
400 g Blattspinat

300 g Ricotta

2 Eier

150 g frisch geriebener Parmesan

Pfeffer

Außerdem
Salz

Mehl zum Ausrollen

10 frische Salbeiblätter

40 g Butter

frisch geriebener Parmesan

Arbeitszeit: 1 Stunde
Ruhezeit: 1$^1/_4$ Stunden
Garzeit: insgesamt 30 Minuten

Für besondere Anlässe

Für 4 Personen

Für den Teig

300 g Weizenmehl
3 Eier
1 EL Öl
1 EL Wasser
Öl zum Betreichen

Für die Füllung

300 g Steinpilze
1 Knoblauchzehe
1 Scheibe italienisches Weißbrot
3 EL Butter
1 TL frisch gehackter Oregano (oder $1/2$ TL getrockneter)
4 EL Weinbrand
1 Eigelb
2 EL Crème fraîche
50 g geriebener Emmentaler
Pfeffer

Außerdem

Salz
Mehl zum Ausrollen

Arbeitszeit: 1 Stunde
Ruhezeit: $1^1/_4$ Stunden
Garzeit: insgesamt 25 Minuten

Tortelloni mit Steinpilzen

1 Das Mehl mit $1/2$ TL Salz vermischen und mit Eiern, Öl und Wasser zu einem glatten Teig verkneten. Den Teig zur Kugel formen, mit Öl bestreichen und bei Zimmertemperatur 1 Stunde ruhen lassen.

2 Die Steinpilze putzen, dabei möglichst nur mit einem trockenen Tuch abreiben. Pilze fein würfeln. Den Knoblauch schälen und würfeln. Das Brot entrinden und fein hacken.

3 Knoblauch in der Butter glasig braten, die Pilze mit dem Oregano kurz anbraten, mit Weinbrand ablöschen und diesen zugedeckt einkochen lassen. Alles abkühlen lassen und mit Brot, Eigelb, Crème fraîche und Käse vermischen. Die Füllung mit Salz und Pfeffer abschmecken.

4 Den Teig auf bemehlter Fläche dünn ausrollen und Kreise ausstechen (Ø 12 cm). Den übrigen Teig erneut verkneten, ausrollen und ausstechen. Die Teigränder mit Wasser bestreichen. Jeweils 1 EL Füllung auf eine Kreishälfte geben, die andere Hälfte darüberklappen und die Ränder fest andrücken.

5 Die Halbmonde vorsichtig um die Fingerspitze wickeln, so daß sich beide Enden treffen. Die Enden zusammendrücken. Die Tortelloni 15 Minuten ruhen lassen.

6 Die Tortelloni in reichlich Salzwasser nacheinander in 4-6 Minuten bißfest kochen und gut abtropfen lassen.

Beilagen-Tip

Dazu schmeckt eine frische, leichte Tomatensauce.

Preiswert
Für 4 Personen

Für den Teig	
1/4 l Milch	
2 Eier	
120 g Mehl	

Für die Füllung	
500 g Zucchini	
50 g getrocknete Tomaten	
1 Knoblauchzehe	
1 Rosmarinzweig	
100 ml Schlagsahne	
Pfeffer	

Außerdem	
Salz	
1 Bund Rucola	
etwa 70 g Butter	
50 g Parmesan	

Arbeitszeit: 1 Stunde
Ruhezeit: 30 Minuten
Garzeit: 10 Minuten
E-Herd 180 °C/
Umluft 160 °C/Gas Stufe 2-3

Tip

Sie können die Crespelle auch im voraus zubereiten. Dann müssen Sie sie nur noch in den kalten Ofen schieben, der auf 180 Grad erhitzt wird. Nach 20-25 Minuten sind sie schon heiß.

Crespelle mit Zucchini und Rucola

Crespelle sind das italienische Gegenstück zu den französischen Crêpes und werden gerne mit Tomatensauce gefüllt serviert.

1 Die Milch mit den Eiern und dem Mehl zu einem glatten Teig verrühren, 30 Minuten quellen lassen und salzen. Inzwischen den Rucola abbrausen, trockenschwenken und die festen Stiele entfernen. Einige Rucolablätter beiseite legen, die übrigen hacken.

2 Zucchini waschen, putzen und wie die Tomaten fein würfeln. Die Knoblauchzehe schälen und fein würfeln. Den Rosmarin waschen, trockenschwenken und die Nadeln hacken.

3 Die Crespelle backen. Dazu wenig Butter in einer beschichteten Pfanne zerlassen, die Pfanne dünn mit Teig ausgießen und einige ganze Rucolablätter darauflegen. Crespelle zartgelb braten, wenden und fertig braten.

4 Knoblauch und Rosmarin in 20 g Butter glasig braten, die Zucchini darin anbraten und mit der Sahne ablöschen. Diese dickcremig einkochen lassen, die Tomaten und den gehackten Rucola darin kurz erhitzen und die Füllung mit Salz und Pfeffer würzen.

5 Den Ofen auf 180 Grad vorheizen. Die Crespelle mit der warmen Füllung bestreichen, dabei am Rand je etwa 2 cm Platz lassen. Den Parmesan darüberstreuen, die Crespelle von links und rechts etwas einschlagen und dann von oben nach unten einrollen. In eine gebutterte Form setzen, mit der übrigen Butter bestreichen und etwa 10 Minuten im Ofen backen.

Gebratene Parma-Sandwiches

Schnell und einfach köstlich — die ungewöhnliche Blitz-teigtasche dieses Buches!

1 Das Weißbrot im Toaster oder unter dem Grill goldgelb rösten und noch warm mit dem Pesto bestreichen.

2 Den Schinken von möglicher Schwarte und Fetträn-dern befreien und auf 4 Brotscheiben legen. Die anderen Brotscheiben darüberlegen.

3 Die Eier mit der Milch und dem Parmesan verquirlen und mit etwas Pfeffer würzen.

4 Die Sandwiches in der Eiermischung wenden, bis sich die Brote etwas vollgesogen haben, jedoch noch nicht zer-fallen. Das Öl mit der Butter in einer Pfanne erhitzen.

5 Die Brote nacheinander in dem heißen Öl-Butter-Ge-misch auf einer Seite in etwa 2 Minuten goldbraun braten, wenden und fertigbraten. Sofort servieren.

Beilagen-Tip
Dazu schmeckt ein mit einer kräftigen Vinaigrette an-gemachter grüner Salat oder ein Tomatensalat mit viel Zwiebeln, Basilikum und Pfeffer.

Leicht gemacht
Ergibt 4 Stück

8 dünne Scheiben italienisches Weißbrot
4 EL Pesto aus dem Glas
12 hauchdünne Scheiben Parmaschinken (100 g)
2 Eier
2 EL Milch
4 EL frisch geriebener Parmesan
Pfeffer
4 EL Olivenöl
30 g Butter

Arbeitszeit: 15 Minuten
Garzeit: 15 Minuten

Tip

Ein gutes Pesto aus dem Glas hat seinen Preis, dafür aber auch seine Qualitäten: Kaltgepreßtes Olivenöl, aromatischer Parmesan oder Pecorino, Pinienkerne und natürlich viel frisches Basili-kum sollten die Hauptrolle auf der Zutatenliste spielen. Schauen Sie also beim Kauf auf das Etikett.

Für den Teig

	40 g Butter
	$^1/_2$ Würfel frische Hefe (20 g)
	$^1/_8$ l lauwarme Milch
	1 Eigelb
	330 g Weizenmehl

Für die Füllung

	2-3 feste Tomaten
	2 Laibe Mozzarella (je 125 g)
	1 Bund Basilikum
	Salz, schwarzer Pfeffer
	etwa 4 EL kaltgepreßtes Olivenöl

Außerdem

	Mehl zum Ausrollen
	Butter für das Backblech

Arbeitszeit: 50 Minuten
Ruhezeit: 30 Minuten
Garzeit: 20-25 Minuten
E-Herd 200 °C/
Umluft 180 °C/Gas Stufe 3

Tomaten-Mozzarella-Pastetchen

1 Für den Teig die Butter und die zerbröselte Hefe in der Milch auflösen. Diese Mischung nach und nach mit dem Eigelb und dem Mehl verkneten. Den Teig zugedeckt an einem warmen Ort 20 Minuten gehen lassen.

2 Die Tomaten häuten (siehe Tip auf Seite 28). Den Strunk entfernen und die Tomaten quer in Scheiben schneiden, den Mozzarella ebenso. Das Basilikum waschen, trockenschwenken und die Blätter abzupfen.

3 Den Teig nochmals verkneten und auf bemehlter Fläche dünn ausrollen. Jeweils 8-10 größere und kleinere Kreise ausstechen (Ø 10 und 8 cm). Teigreste erneut verkneten und ausstechen. Die größeren Kreise noch ganz leicht ausrollen.

4 Den Ofen auf 200 Grad vorheizen. Die kleineren Teigkreise abwechselnd mit Mozzarella, Tomate und wieder Mozzarella belegen, so daß noch ein kleiner Rand bleibt. Dabei jede Lage salzen, pfeffern, mit etwas Olivenöl beträufeln und mit einem Basilikumblatt belegen.

5 Die größeren Teigkreise mit Wasser bestreichen, jeweils über die Füllung legen und an vier gegenüberliegenden Punkten gut andrücken, so daß vier Falten entstehen. Diese fest zusammenkneifen, die Ränder gut festdrücken.

6 Die Pastetchen auf ein gebuttertes Backblech setzen und 10 Minuten gehen lassen. Dann den Teig mit Wasser bestreichen und die Pastetchen im Ofen in etwa 20 Minuten knusprig backen.

Für den Teig
120 g Magerquark
4 EL Milch
4 EL Olivenöl
1 TL Salz
300 g Weizenmehl
1 Päckchen Backpulver

Für die Füllung
150 g italienische Salami in dünnen Scheiben
150 g Fontina-Käse in dünnen Scheiben (ersatzweise Raclette-Käse)

Außerdem
Mehl zum Ausrollen
2 Eigelb
1 EL Olivenöl
1 EL getrockneter Oregano
Butter für das Backblech

Arbeitszeit: 30 Minuten
Ruhezeit: 15 Minuten
Garzeit: 20-25 Minuten
E-Herd 180 °C/
Umluft 160 °C/Gas Stufe 2-3

Teighörnchen mit Fontina und Salami

1 Für den Teig den gut abgetropften Quark mit der Milch, dem Öl und dem Salz verrühren. Das Mehl mit dem Backpulver mischen und dann mit dem Quark glatt verkneten. Den Teig in Folie wickeln und 15 Minuten ruhen lassen.

2 Nun den Teig auf bemehlter Fläche dünn ausrollen und daraus Quadrate mit etwa 12 cm Seitenlänge schneiden. Die Eigelbe mit 1 EL Öl verquirlen, die Teigplatten damit bestreichen und mit etwas Oregano bestreuen.

3 Den Ofen auf 180 Grad vorheizen. Salami und Käse auf die Teigquadrate legen, so daß jeweils gut 1 cm Rand bleibt. Den übrigen Oregano darüberstreuen. Die Teigstücke jeweils von einer Ecke zur anderen zu Hörnchen aufrollen und diese mit dem übrigen Eigelb bestreichen.

4 Die Hörnchen auf ein gebuttertes Backblech setzen und im Ofen 20-25 Minuten backen, bis sie schön aufgegangen sind und eine goldgelbe Farbe haben.

Variation
Diese Hörnchen sind sehr vielseitig und eignen sich als kleiner Snack zum Wein oder fürs Buffet. Sie können sie auch mit rohem oder gekochtem Schinken und anderem Schnittkäse oder Mozzarella füllen. Bestreichen Sie die Teigplatten vor dem Belegen auch mal mit etwas Tomatensauce oder Pesto. Ein paar kleingehackte Champignons, Kapern oder Sardellen können eine besondere Note geben.

Beilagen-Tip
Sie können diese Hörnchen warm oder kalt mit einem Gurken- oder Tomatensalat servieren.

Fencheltaschen mit Aprikosen

1 Für den Teig die Butter in Stücke teilen, das Mehl mit $1/2$ TL Salz vermischen. Beides mit einem Küchenmesser verhacken. Den abgetropften Quark damit verkneten. Den Teig in Folie wickeln und 2 Stunden kühlen.

2 Die Zwiebel schälen und würfeln. Den Fenchel waschen, putzen und das Grün hacken. Die Knollen halbieren, vom Strunk befreien und würfeln. Aprikosen überbrühen, in Eiswasser abschrecken und häuten. Die Früchte halbieren, vom Kern befreien und würfeln. Salbei waschen, trockenschwenken und hacken.

3 Die Fenchelsamen 30 Sekunden im Öl braten, dann die Zwiebeln und den Fenchel zugeben und kurz andünsten. Mit dem Wein ablöschen und 10 Minuten dünsten lassen. Aprikosen, Salbei und Fenchelgrün darin kurz ziehen lassen. Alles mit Salz, Pfeffer und Zitronensaft abschmecken und abkühlen lassen. Den Ofen auf 200 Grad vorheizen.

4 Den Teig halbieren, ein Hälfte in den Kühlschrank geben. Die andere Hälfte auf bemehlter Fläche dünn ausrollen und in Quadrate mit etwa 12 cm Seitenlänge schneiden. Auf eine Hälfte je 1-2 EL Füllung geben, die andere darüberschlagen, so daß Dreiecke entstehen. Die Ränder fest andrücken. Aus dem übrigen Teig und der restlichen Füllung ebenso Teigtaschen formen.

5 Die Teigtaschen auf ein gebuttertes Backblech setzen, mit Wasser bestreichen und mit Fenchel bestreuen. Im Ofen in 20-25 Minuten goldgelb backen.

Originell

Ergibt 12 Stück

Für den Teig

200 g kalte Butter
200 g Weizenmehl
200 g Magerquark

Für die Füllung

1 Zwiebel
400 g Fenchel
4 frische Aprikosen
6 frische Salbeiblätter (oder $1/2$ TL getrockneter Salbei)
$1/2$ TL Fenchelsamen
2 EL Öl
150 ml trockener Weißwein
schwarzer Pfeffer
$1/2$ TL Zitronensaft

Außerdem

Salz
Mehl zum Ausrollen
Butter für das Backblech
1 TL Fenchelsamen

Arbeitszeit: 1$1/4$ Stunden
Ruhezeit: 2 Stunden
Garzeit: 20-25 Minuten
E-Herd 200 °C/
Umluft 180 °C/Gas Stufe 3

Tip

Fenchelsamen verleihen würzigen Anisgeschmack und sind sehr bekömmlich. Fehlen sie im Gewürzregal, kaufen Sie Fencheltee – der besteht zu 100 Prozent aus den Samen.

Braucht etwas Zeit
Ergibt 8 Stück

Für den Teig
30 g frische Hefe

150 ml lauwarmes Wasser

300 g Mehl

Für die Füllung
1 gelbe Paprikaschote

2 Tomaten

1 Knoblauchzehe

1 Zucchino (150 g)

1 Aubergine (150 g)

5 EL Olivenöl

1 TL getrocknete Provence-
Kräuter

Pfeffer

Außerdem
Salz

Mehl zum Ausrollen

Arbeitszeit: **1 Stunde**
Ruhezeit: **2 1/4 Stunden**
Garzeit: **30 Minuten**
**E-Herd 200 °C/
Umluft 180 °C/Gas Stufe 3**

Tip

*Bei dieser Ratatouille-
Zubereitung wird der Eigen-
geschmack der Gemüse
betont. Wem das zu mühsam
ist: Paprika und Knoblauch
1 Minute braten, Auberginen
1 Minute mitbraten, dann
Zucchini ebenso. Tomaten
und Kräuter dazugeben und
5 Minuten schmoren.*

Baguettetaschen mit Ratatouille

1 Für den Teig die Hefe im Wasser auflösen. Mehl mit $1/2$ TL Salz vermischen und nach und nach mit der Hefe-lösung verkneten. Den Teig zugedeckt an einem warmen Ort 2 Stunden gehen lassen.

2 Paprika waschen, halbieren, putzen und fein würfeln. Tomaten häuten (siehe Tip auf Seite 28), vom Kernfleisch befreien und würfeln. Knoblauch schälen und hacken. Zucchino und Aubergine waschen, putzen und würfeln.

3 Paprikawürfel in 1 EL Öl 2 Minuten braten und aus der Pfanne nehmen. Auberginen in 2 EL Öl 2 Minuten braten und herausnehmen. Die Zucchini 1 Minute in 1 EL Öl bra-ten und herausnehmen. Knoblauch und Kräuter im übri-gen Öl anbraten, Tomaten zugeben und 1 Minute schmo-ren lassen. Gemüsewürfel darin in 5 Minuten bißfest schmoren, salzen, pfeffern und abkühlen lassen.

4 Den Ofen auf 200 Grad vorheizen. Den Hefeteig 5 Mi-nuten verkneten und in 8 Stücke teilen. Diese auf bemehl-ter Fläche etwa 5 mm dick zu Ovalen ausrollen. Jedes Oval mit Ratatouille bestreichen, dabei etwa 2 cm Teigrand frei-lassen. Von der schmalen Seite her einschlagen und von der breiten Seite her aufrollen. Die Baguettetaschen mit der Naht nach unten auf mit Backpapier belegte Backbleche setzen und 15 Minuten gehen lassen.

5 Die Baguettetaschen mit Wasser bestreichen und im Ofen in etwa 30 Minuten knusprig backen, in den letzten 5 Minuten nochmals mit Wasser bestreichen.

Für den Teig

1 Döschen Safran	
1 EL Milch	
150 g Magerquark	
150 g weiche Butter	
250 g Weizenmehl	

Für die Füllung

200 g Kabeljaufilet	
1/2 unbehandelte Orange	
2 EL Sultaninen	
1 TL Zitronensaft	
Pfeffer	
300 g Mangold	
1 Knoblauchzehe	
2 EL Olivenöl	
Muskatnuß	
3 EL Mandelblättchen	

Außerdem

Salz	
Mehl zum Ausrollen	
2 Eigelb	
4 EL Milch	
Butter für die Backbleche	

Arbeitszeit: 1 1/4 Stunden
Ruhezeit: 35 Minuten
Garzeit: 20-25 Minuten
E-Herd 200 °C/
Umluft 180 °C/Gas Stufe 3

Tip

Ist Ihnen Safran zu teuer, können Sie ihn durch 1/2 TL Kurkuma ersetzen.

Safrantaschen mit Mangold

1 Für den Teig den Safran mit der Milch verrühren und 5 Minuten quellen lassen. Den Quark gut abtropfen lassen, mit Butter, Safranmilch und 1/2 TL Salz glattrühren und das Mehl darunterkneten. Den Teig in Folie gewickelt 30 Minuten kühlen.

2 Den Fisch abspülen, trockentupfen und in kleine Würfel schneiden. Die Orange heiß waschen und die Schale zur Hälfte dünn abreiben, den Saft auspressen. Sultaninen im Sieb abbrausen und samt Orangensaft und -schale sowie Zitronensaft mit dem Fisch vermischen. Mit Salz und Pfeffer würzen.

3 Den Mangold waschen und die Blätter von den Stielen schneiden. Stiele in dünne Streifen schneiden, Blätter hacken. Knoblauch schälen, würfeln und mit den Mangoldstielen im Öl 3 Minuten dünsten, dann mit den Blättern weitere 3 Minuten dünsten. Alles würzen, abkühlen lassen und mit dem Fisch und den Mandelblättchen vermischen. Den Ofen auf 200 Grad vorheizen.

4 Den Teig auf bemehlter Fläche dünn ausrollen und Kreise ausstechen (Ø 10 cm). Den übrigen Teig erneut verkneten, ausrollen und ausstechen. Eigelb und Milch verquirlen, die Ränder damit bestreichen. Je 1 EL Füllung auf eine Kreishälfte geben, die andere darüberklappen und die Ränder fest andrücken.

5 Die Teigtaschen mit der Eigelbmischung bestreichen, auf gebutterte Backbleche setzen und im Ofen in 20-25 Minuten goldgelb backen.

Sesamtaschen mit Gurke

Fertiger Blätterteig läßt sich leicht veredeln – hier wird er nochmals geschichtet und mit Sesam ausgerollt, was ihn blättriger macht und ihm einen besonderen Charakter gibt.

1 Die Blätterteigplatten ausbreiten und auftauen lassen.

2 Die Gurke schälen, längs vierteln und das Kernfleisch herausschneiden. Gurke in dünne Scheiben schneiden. Den Schafskäse fein zerteilen und die Oliven grob hacken. Den Knoblauch schälen und fein würfeln.

3 Knoblauch im Olivenöl glasig braten, das Bohnenkraut kurz mitbraten und dann die Gurken darin bei milder Hitze zugedeckt in 8-10 Minuten bißfest dünsten. Falls nötig, ein paar Eßlöffel Wasser zugeben. Mit Salz und Pfeffer würzen und abkühlen lassen.

4 Die Teigplatten bis auf eine mit Wasser bestreichen und jeweils mit etwas Sesam bestreuen. Alle übereinander legen, so daß die trockene Teigplatte oben liegt. Den Teig auf einer leicht bemehlten und mit Sesam bestreuten Fläche dünn ausrollen und in Quadrate mit etwa 10 cm Seitenlänge schneiden.

5 Den Ofen auf 200 Grad vorheizen. Die Ränder der Teigplatten mit verquirltem Eigelb bestreichen und je 1 EL Füllung auf eine Quadrathälfte setzen. Die andere Hälfte jeweils darüberklappen und die Teigränder fest andrücken.

6 Die Teigtaschen auf ein mit Backpapier belegtes Backblech setzen und mit Eigelb bestreichen. Im Ofen in 20-25 Minuten knusprig backen.

Leicht gemacht
Ergibt 10-12 Stück

450 g tiefgekühlter Blätterteig
1 Salatgurke
200 g Schafskäse
10 schwarze Oliven ohne Stein
1 Knoblauchzehe
4 EL Olivenöl
1 TL getrocknetes Bohnenkraut
Salz, Pfeffer
etwa 50 g Sesamsamen
Mehl zum Ausrollen
1-2 Eigelb zum Bestreichen

Arbeitszeit: 45 Minuten
Garzeit: 20-25 Minuten
**E-Herd 200 °C/
Umluft 180 °C/Gas Stufe 3**

Tip

Sollten Sie keine schwarzen Oliven ohne Stein bekommen, nehmen Sie noch 5 Oliven mehr und schneiden das Fleisch am Kern entlang herunter. Natürlich können Sie auch grüne Oliven verwenden.

Klassiker
Ergibt 10-12 Stück

Für den Teig

100 g Butter
1 Ei
$1/8$ l Wasser
350 g Weizenmehl

Für die Füllung

300 g grüne Bohnen
2 Knoblauchzehen
100 g Räucherspeck
300 g Kalbfleisch
100 g Schafskäse
2 EL Öl
schwarzer Pfeffer
150 g Tomaten in Stücken (Fertigprodukt)
1 TL getrockneter Rosmarin

Außerdem

brauner Zucker
Salz
Mehl zum Ausrollen
etwa 100 g Butterschmalz

Arbeitszeit: $1^1/_4$ **Stunden**
Ruhezeit: $3^1/_4$ **Stunden**
Garzeit: insgesamt
20 Minuten

Empanadas mit Bohnen und Kalbfleisch

1 Für den Teig die Butter zerlassen und abkühlen lassen. Das Ei mit der Hälfte der Butter und dem Wasser verquirlen und mit Mehl, 1 TL Zucker und $1/_2$ TL Salz glatt verkneten. 15 Minuten ruhen lassen.

2 Den Teig auf bemehlter Fläche dünn zu einem Rechteck von etwa 30 x 40 cm ausrollen. Dieses mit der übrigen Butter bestreichen und von der Längsseite her fest aufrollen. Die Rolle in Folie wickeln und 3 Stunden kühlen.

3 Die Bohnen waschen, abtrocknen, putzen und in dünne Ringe schneiden. Knoblauch schälen und hacken, Speck würfeln. Das Fleisch fein würfeln. Schafskäse reiben.

4 Das Fleisch im heißen Öl ganz kurz anbraten, aus der Pfanne nehmen und mit Salz und Pfeffer würzen. Bohnen samt Knoblauch und Speck im Bratsatz anbraten, Tomaten und Rosmarin zugeben. Dann alles mit Salz, Pfeffer und 1 Prise braunem Zucker würzen. Das Gemüse 15 Minuten dünsten und abkühlen lassen. Mit Kalbfleisch und Schafskäse vermischen.

5 Die Teigrolle in 3-4 cm dicke Scheiben schneiden. Die Scheiben auf bemehlter Fläche zu Kreisen ausrollen (Ø etwa 15 cm). Die Ränder mit Wasser befeuchten. Je 2 EL Füllung auf eine Kreishälfte geben, die andere Hälfte darüberklappen und die Ränder mit einer Gabel fest andrücken.

6 Das Butterschmalz in einer Pfanne erhitzen, so daß es etwa 2 cm hoch darin steht. Nacheinander die Empanadas darin auf jeder Seite 2-3 Minuten braten, bis sie goldgelb und knusprig sind. Auf Küchenpapier abfetten lassen.

Ergibt 10-12 Stück

Für den Teig	
100 g Butter	
1 Ei	
$1/8$ l Wasser	
350 g Weizenmehl	
1 TL Zucker	

Für die Füllung	
2 rote Zwiebeln	
4 EL Olivenöl	
50 g Langkornreis	
150 ml trockener Weißwein	
300 g tiefgekühlte Erbsen	
1 Dose Thunfisch im Sud (150 g Abtropfgewicht)	
50 g geriebener Gruyère oder Gouda	
Pfeffer	
Zitronensaft	

Außerdem	
Salz	
Mehl zum Ausrollen	
etwa 100 g Butterschmalz	

Arbeitszeit: 1 $1/2$ Stunden
Ruhezeit: 3 $1/4$ Stunden
Garzeit: insgesamt
20 Minuten

Empanadas mit Thunfisch

1 Für den Teig die Butter zerlassen und abkühlen lassen. Das Ei mit der Hälfte der Butter und dem Wasser verquirlen und mit Mehl, Zucker und $1/2$ TL Salz zu einem glatten Teig verkneten. 15 Minuten ruhen lassen.

2 Den Teig auf bemehlter Fläche dünn zu einem Rechteck von etwa 30 x 40 cm ausrollen. Dieses mit der übrigen zerlassenen Butter bestreichen und von der Längsseite her möglichst fest aufrollen. Die Rolle in Folie wickeln und 3 Stunden kühlen.

3 Die Zwiebeln schälen und würfeln. Das Olivenöl in einem Topf erhitzen und die Zwiebeln darin glasig braten. Den Reis darin 1 Minute unter Rühren anschwitzen.

4 Den Reis mit Wein ablöschen, die Erbsen zugeben und mit Salz würzen. Alles zugedeckt bei schwacher Hitze etwa 10 Minuten kochen lassen, bis die Flüssigkeit aufgesogen ist – dabei nicht rühren! Reis noch 10 Minuten auf der ausgeschalteten Herdplatte quellen lassen. Einmal durchrühren und abkühlen lassen.

5 Thunfisch abtropfen lassen und zerpflücken. Mit Käse und Erbsenreis mischen und mit Pfeffer und Zitronensaft abschmecken.

6 Die Teigrolle in 3-4 cm dicke Scheiben schneiden und diese auf bemehlter Fläche zu Kreisen ausrollen (Ø etwa 15 cm). Die Ränder mit Wasser befeuchten. Je 2 EL Füllung auf eine Kreishälfte geben, die andere darüberklappen und die Ränder fest andrücken.

7 Das Butterschmalz in einer Pfanne erhitzen, so daß es etwa 2 cm hoch darin steht. Nacheinander die Empanadas darin auf jeder Seite 2-3 Minuten braten, bis sie goldgelb und knusprig sind. Auf Küchenpapier abfetten lassen.

Polenta-Taschen

Eine etwas andere Form der Teigtasche, die ihre Füllung in einem zarten gekochten Teig aus Maisgrieß verbirgt – der klassischen italienischen Polenta.

1 Das Wasser mit 1 TL Salz und dem Öl aufkochen und den Maisgrieß unter Rühren langsam einrieseln und aufkochen lassen. Bei schwacher Hitze die Polenta mindestens 30 Minuten quellen lassen, dabei sehr oft rühren, damit sie nicht stark anbrennt. (Ein wenig Kruste wird sich aber auf jeden Fall am Topfboden bilden.)

2 Die gegarte Polenta heiß mit Parmesan und Eigelb verrühren. Ein Backblech mit Alufolie oder Backpapier auslegen und die Polenta dünn daraufstreichen. Über Nacht an einem kühlen Ort durchkühlen und antrocknen lassen.

3 Die Paprikaschote mit dem Sparschäler häuten und in kleine Würfel schneiden. Die Zwiebel schälen und würfeln. Beides im Öl in etwa 5 Minuten glasig braten und abkühlen lassen.

4 Den Schinken von Schwarte und Fettrand befreien und in Streifen schneiden. Basilikum waschen, trockenschwenken und die Blättchen hacken. Mais abspülen und gut abtropfen lassen. Alles mit Paprika und Zwiebeln mischen und mit Salz und Pfeffer abschmecken.

5 Den Ofen auf 200 Grad vorheizen. Die Polentaplatte vorsichtig auf eine bemehlte Fläche stürzen und in etwa 8 x 5 cm große Rechtecke schneiden. Die Hälfte davon mit Eigelb bestreichen und in die Mitte je 1-2 EL Füllung geben. Die übrigen Polentastücke mit der trockenen Seite nach oben darüberlegen und gut andrücken.

6 Die Polentataschen auf ein geöltes Backblech setzen, mit Öl bestreichen und im Ofen in 20-25 Minuten backen.

Preiswert
Ergibt 10-12 Stück

Für die Polenta
1 l Wasser
8 EL Olivenöl
300 g Maisgrieß
100 g frisch geriebener Parmesan
2 Eigelb

Für die Füllung
1 rote Paprikaschote
1 Zwiebel
2 EL Olivenöl
4 Scheiben roher Schinken
1 Bund Basilikum
100 g Mais (aus der Dose)
schwarzer Pfeffer

Außerdem
Salz
1 Eigelb zum Bestreichen
Olivenöl für das Backblech und zum Bestreichen

Arbeitszeit: 1¼ Stunden
Ruhezeit: über Nacht
Garzeit: 20-25 Minuten
E-Herd 200 °C/
Umluft 180 °C/Gas Stufe 3

8 Platten tiefgekühlter
Blätterteig (600 g)

8 möglichst große
Lammkoteletts

1 Knoblauchzehe

3 EL Öl

Salz, Pfeffer

200 g Knollensellerie

150 g Ziegenkäse

2 Eigelb zum Bestreichen

getrockneter Oregano

Arbeitszeit: 1 Stunde
Garzeit: 20-25 Minuten
E-Herd 200 °C/
Umluft 180 °C/Gas Stufe 3

Tip

Die Koteletts für dieses Rezept dürfen nicht zu klein sein, da sie sich sonst im Teig verlieren – 50 g sollten sie mindestens wiegen. Lammchops, also doppelte Lammkoteletts, eignen sich für die Zubereitung nicht. Am besten, Sie bestellen alles schon einen Tag im voraus bei Ihrem Metzger, der Ihnen sicher auch die Koteletts vorbereitet.

Lammkoteletts im Blätterteigmantel

1 Die Blätterteigplatten ausbreiten und auftauen lassen.

2 Die Lammkoteletts vorbereiten (bzw. vom Metzger vorbereiten lassen): Falls vorhanden, den kurzen Wirbelknochen entfernen, so daß nur der lange Rippenknochen stehen bleibt. Diesen mit dem Messer sauber abschaben. Das Fett weitgehend entfernen.

3 Die Knoblauchzehe schälen, im Öl anbraten und herausnehmen. Lammkoteletts mit Salz und Pfeffer würzen und im heißen Öl ganz kurz anbraten. Abkühlen lassen.

4 Sellerie putzen, waschen, schälen und mit der Aufschnittmaschine in 16 dünne Scheiben passend zu den Koteletts schneiden. Diese im Bratfett in 1 Minute bißfest braten. Käse in 8 Scheiben schneiden. Den Ofen auf 200 Grad vorheizen.

5 Die Teigplatten öfters mit der Gabel einstechen, quer halbieren und die Ränder mit verquirltem Eigelb bestreichen. Die Hälfte der Platten jeweils mit Sellerie, 1 Kotelett, Käse und Sellerie belegen, dabei jede Lage mit Oregano bestreuen. Der Kotelettknochen steht dabei an einer Ecke über den Teig hinaus.

6 Die übrigen Teigplatten auflegen und an den Rändern gut andrücken, so daß das Fleisch fest eingeschlossen ist. Überflüssigen Teig wegschneiden. Die Ränder mit einer Gabel festdrücken.

7 Die Teigpasteten mit Eigelb bestreichen und auf ein mit Backpapier belegtes Backblech setzen. Im Ofen in 20-25 Minuten backen.

Klassiker
Ergibt 4 Stück

Für den Teig

20 g frische Hefe ($1/2$ Würfel)
$1/4$ l lauwarmes Wasser
450 g Weizenmehl
1 Prise Zucker

Für die Füllung

1 Laib Mozzarella (125 g)
2 Bund Schnittlauch
150 g Quark
2 Eier
4 EL frisch geriebener Parmesan
Pfeffer

Außerdem

Salz
Mehl zum Ausrollen
100 ml Olivenöl
2 Eigelb

Arbeitszeit: 45 Minuten
Ruhezeit: 30 Minuten
Garzeit: 25-30 Minuten
E-Herd 225 °C/
Umluft 200 °C/Gas Stufe 4

Calzone mit Käsefüllung

Die Calzone ist eine für Süditalien typische Form der Teigtasche, die im Grunde nichts anderes als eine zusammengeklappte Pizza ist. Die schützende Teighülle erlaubt allerdings auch eine so zartcremige Füllung wie diese:

1 Für den Teig die Hefe zerbröckeln und mit 4 EL lauwarmem Wasser, 4 EL Mehl und Zucker glattrühren. An einem warmen Ort 30 Minuten gehen lassen, dann mit dem übrigen Mehl und Wasser sowie 4 EL Öl und $1/2$ TL Salz glatt verkneten. Nun 1 Stunde an einem warmen Ort gehen lassen.

2 Den Mozzarella würfeln. Den Schnittlauch waschen, trockenschwenken und in Röllchen schneiden. Den Quark mit den Eiern glattrühren und mit Mozzarella, Schnittlauch und Parmesan vermengen. Mit Salz und Pfeffer abschmecken. Kühl stellen.

3 Den zur doppelten Größe aufgegangenen Teig nochmals durchkneten, vierteln und auf bemehlter Fläche zu 4 jeweils etwa 5 mm dicken Pizzafladen ausrollen. Diese jeweils mit 1 TL Olivenöl bestreichen.

4 Die Käsemasse auf den Fladen verstreichen, dabei je 1 cm Rand lassen und diesen befeuchten. Die Calzoni zusammenklappen und die Ränder festdrücken.

5 Eigelbe mit übrigem Olivenöl verquirlen und die Calzoni damit bestreichen. Auf ein Backblech setzen und in 25-30 Minuten im Ofen goldbraun und knusprig backen.

Calzone mit Auberginen und Radicchio

1 Den Ofen auf 200 Grad vorheizen. Für die Füllung die Auberginen waschen, in Alufolie wickeln und im Ofen in 45 Minuten weich garen. Abkühlen lassen, die Schale abziehen und das Fruchtfleisch mit einer Gabel zerdrücken.

2 Für den Teig die Hefe zerbröckeln und mit 4 EL lauwarmem Wasser, 4 EL Mehl und dem Zucker glattrühren. Den Vorteig an einem warmen Ort 30 Minuten gehen lassen, dann mit dem übrigen Mehl und Wasser sowie 4 EL Olivenöl und $1/2$ TL Salz glatt verkneten und an einem warmen Ort 1 Stunde gehen lassen.

3 Den Radicchio putzen, vierteln und vom Strunk befreien. In dünne Streifen schneiden, abbrausen und gut trockenschwenken. Basilikum waschen, trockenschwenken und die Blättchen hacken.

4 Frischkäse mit einer Gabel zerdrücken und mit Auberginenmus, Pesto, Kapern, Pinienkernen und Radicchio vermischen. Mit Salz und Pfeffer abschmecken. Den Ofen auf 225 Grad vorheizen.

5 Den Teig nochmals verkneten, vierteln und auf bemehlter Fläche zu vier jeweils etwa 5 mm dicken Pizzafladen ausrollen. Diese jeweils mit 1 TL Olivenöl bestreichen. Die Füllung darauf verstreichen, dabei immer etwa 1 cm Rand lassen und diesen befeuchten. Die Calzoni zusammenklappen und die Ränder festdrücken.

6 Eigelbe mit übrigem Olivenöl verquirlen und die Calzoni damit bestreichen. Auf ein Backblech setzen und in 25-30 Minuten im Ofen knusprig backen.

Originell
Ergibt 4 Stück

Für den Teig
20 g frische Hefe ($1/2$ Würfel)
$1/4$ l lauwarmes Wasser
450 g Weizenmehl
1 Prise Zucker

Für die Füllung
2 Auberginen
1 Radicchio
1 Bund Basilikum
150 g Ziegenfrischkäse
6 EL Pesto
2 EL eingelegte Kapern
4 EL Pinienkerne
Pfeffer

Außerdem
100 ml Olivenöl
Salz
Mehl zum Ausrollen
2 Eigelb

Arbeitszeit: 50 Minuten
Ruhezeit: 30 Minuten
Garzeit: 25-30 Minuten
(plus 45 Minuten Garzeit für die Auberginen)
E-Herd 225 °C/
Umluft 200 °C/Gas Stufe 4

Tip

Statt Ziegenfrischkäse können Sie auch Doppelrahmfrischkäse verwenden.

Auf asiatische Art

Die Köchinnen und Köche Asiens haben die Küche unseres Planeten um viele Zutaten und Zubereitungen bereichert – und auch in Sachen Teigtaschen sind sie der restlichen Welt um vieles voraus. Besonders die Chinesen haben die Kunst perfektioniert, Genüsse in hauchdünnen Teig zu hüllen. Außerdem finden Sie hier Rezepte zum Dämpfen, Kochen, Schmoren und sogar zum rohen Verzehr ...

Klassiker
Ergibt 6 Stück

600 g Miesmuscheln
2 Knoblauchzehen
4 EL Öl
4 geschälte Tomaten (Dose)
6 Lauchzwiebeln
1 Stück Ingwerwurzel (ca. 2 cm)
12 tiefgekühlte Teigblätter für Frühlingsrollen (21,5 x 21,5 cm)
2 TL Speisestärke
1 EL Sojasauce
Salz
2 EL Weizenmehl
5 EL Wasser
Fett zum Fritieren

Arbeitszeit: **50 Minuten**
Garzeit: **insgesamt 10 Minuten**
Friteuse 180 °C

Tip

Beim Fischhändler erhalten Sie meist gewässerte Muscheln, die solange in fließendem Wasser liegen, bis der meiste Sand herausgeschwemmt ist. In einer Schüssel unter dem Wasserhahn geht das auch zu Hause.

Frühlingsrollen mit Muscheln

1 Die Muscheln abbürsten, offene Muscheln wegwerfen. Knoblauch schälen, würfeln und zur Hälfte in einem großen Topf in 2 EL Öl anbraten, Muscheln zugeben und zugedeckt unter Rütteln 3-5 Minuten garen, bis sie geöffnet sind. Abkühlen lassen.

2 Geschlossene Muscheln wegwerfen, übrige aus den Schalen lösen und vom Bart befreien. Sud durch einen Kaffeefilter gießen. Es sollten 100 ml sein. Tomaten vom Kernfleisch befreien und würfeln. Lauchzwiebeln putzen, waschen und in Röllchen schneiden. Ingwer schälen und fein reiben. Die Teigblätter ausbreiten und auftauen lassen.

3 Übrigen Knoblauch und Ingwer in 2 EL Öl glasig braten, Lauchzwiebeln zugeben und 1 Minute braten. Tomaten und Muschelsud darin erhitzen. Stärke und Sojasauce verrühren, zum Gemüse geben und kochen lassen, bis eine dickliche Sauce entsteht. Muscheln zugeben und abkühlen lassen. Mit Salz abschmecken.

4 Eines der aufgetauten Teigblätter mit Wasser bestreichen, ein zweites darauflegen. Das Mehl mit dem Wasser verrühren und das Teigblatt damit bestreichen. Das Teigblatt so legen, daß es wie ein Karo mit einer Spitze senkrecht nach unten zeigt. In die untere Ecke gut 2 EL Füllung geben, die Ecke darüberschlagen, dann die beiden seitlichen Ecken nach innen falten. Dabei immer wieder mit Mehlwasser bestreichen. Fest von unten her aufrollen und so die weiteren Frühlingsrollen formen.

5 In der Friteuse das Fett auf 180 Grad erhitzen und je 2 Frühlingsrollen darin in 3 Minuten knusprig ausbacken. Das Fett muß stets heiß genug sein, sonst gehen die Frühlingsrollen nicht auf.

Bild Seite 66/67

Crêpes-Päckchen mit Ente und Pflaumen

1 Für den Teig das Mehl mit Stärke, $1/2$ TL Salz und 2 EL Sesam vermischen. Übrige Teigzutaten miteinander verquirlen, dann alles nach und nach glatt verrühren. Daraus in einer beschichteten Pfanne mit insgesamt 2 EL Öl dünne Pfannkuchen auf einer Seite backen, abkühlen lassen und zugedeckt beiseite stellen.

2 Von der Entenbrust das Fett entfernen und in dünne Streifen schneiden. Fleisch häuten und in dünne Streifen schneiden. Speisestärke mit 1 EL Alkohol verrühren und die Entenbrust darin 15 Minuten marinieren.

3 Das Entenfett in der Pfanne knusprig ausbraten und herausnehmen, dabei 2 EL in der Pfanne lassen. Das abgetropfte Entenfleisch ganz kurz in der heißen Pfanne anbraten, herausnehmen und mit Salz und Pfeffer würzen.

4 Den Schnittlauch waschen, trockenschwenken und in etwa 2 cm lange Stäbchen schneiden. Die Backpflaumen falls nötig entsteinen, fein hacken und mit dem restlichen Sesam und der Sojasauce vermischen. Entenfleisch und Schnittlauch damit verrühren.

5 Die Pfannkuchen mit der ungebratenen Seite nach unten ausbreiten. 2 EL Mehl und 6 EL Wasser verrühren und die Ränder damit bestreichen. Je 2 EL Füllung daraufgeben und die Pfannkuchen wie bei den Frühlingsrollen (siehe Seite 68) einschlagen. Die Päckchen im übrigen Entenfett auf der Nahtseite anbraten, wenden und zugedeckt in etwa 2-3 Minuten knusprig braten.

6 Zum Schluß den Entenspeck mit erhitzen und mit den Päckchen servieren.

Für besondere Anlässe
Ergibt 8 Stück

Für die Crêpes

120 g Mehl	
50 g Speisestärke	
2 Eier	
200 ml Wasser	
60 ml Milch	
2 TL Zucker	

Für die Füllung

500 g Entenbrust	
2 TL Speisestärke	
4 EL trockener Reiswein oder Sherry	
schwarzer Pfeffer	
3 Bund Schnittlauch	
10 Backpflaumen	
4 EL süße Sojasauce	

Außerdem

Salz	
4 EL Sesamsamen	
2 EL Öl	
2 EL Mehl	
6 EL Wasser	

Arbeitszeit: 40 Minuten
Garzeit: 5-8 Minuten

Tip

Die süße Sojasauce kommt aus Indonesien. Erhalten Sie sie nicht, mischen Sie dunkle Sojasauce mit etwas Honig.

Originell
Ergibt 16 Stück

300 g grüner Spargel
1 rote Paprikaschote
1 Knoblauchzehe
100 g Reisnudeln
2 EL Öl
3 EL helle Sojasauce
2 EL Wasser
2 EL Sherry
1 EL Weinessig
Salz
¾ l Weißwein
32 Reispapierblätter
(Ø 16 cm)
Fett zum Fritieren

Arbeitszeit: **45 Minuten**
Garzeit: **insgesamt
15 Minuten**
Friteuse: **180 °C**

Tip

*Reispapierblätter, auch
Reisteigblätter genannt, sind
aus Reismehl zubereitet und
frei von Gluten. Sie erhalten
Sie in Asien-Läden und in gut
sortierten Lebensmittelläden.
Achten Sie schon beim Einkauf auf makellose Ware, da
sie leicht brechen können.*

Reispapiertaschen mit Wok-Gemüse

1 Das Gemüse waschen. Den Spargel von holzigen Enden befreien und falls nötig das untere Drittel schälen. Die
Stangen vierteln und in etwa 4 cm lange Streifen schneiden. Paprika putzen, halbieren, von Samenwänden befrei-
en und das Fruchtfleisch in etwa 4 cm lange Streifen
schneiden. Knoblauch schälen und würfeln. Die Reisnudeln in kaltem Wasser einweichen.

2 Das Öl in einem Wok oder in einer Pfanne stark erhitzen. Spargel und Paprika darin 1-2 Minuten unter Rühren
braten, dann die gut ausgedrückten Reisnudeln zugeben
und 1 weitere Minute braten.

3 Sojasauce, Wasser, Sherry und Essig verrühren und
zum Gemüse geben. Alles in etwa 5 Minuten bißfest
schmoren, wobei die Flüssigkeit fast verdampft sein sollte.
Salzen und abkühlen lassen.

4 Den Wein in eine weite Schüssel geben und die Reispapierblätter darin nacheinander einweichen, bis sie eine
weiße Farbe annehmen. Je 2 Blätter übereinander legen,
1-2 EL Füllung in die untere Hälfte geben und die Blätter
wie die Frühlingsrollen (siehe Seite 68) einschlagen.

5 Das Fett auf 180 Grad erhitzen und darin nacheinander je 3 Reispapierpäckchen in 3-4 Minuten knusprig ausbacken. Auf Küchenpapier abfetten lassen.

Beilagen-Tip

Dazu schmeckt ein Dip aus heller Sojasauce und
etwas Zitronen- oder Limettensaft, in den ein paar
Lauchzwiebelringe und viel frischer Ingwer kommen.

Preiswert
Ergibt 16 Stück

2 EL getrocknete
Mu-Err-Pilze

200 g Putenbrust

3 EL Sojasauce

1 TL Speisestärke

4 Lauchzwiebeln

100 g Sojasprossen

3 EL Öl

3 EL trockener Reiswein
oder Sherry

2 EL Wasser

Salz

$\frac{1}{2}$ TL gemahlener Ingwer

$\frac{3}{4}$ l helles Bier

32 Reispapierblätter
(Ø 16 cm, siehe Seite 70)

Fett zum Fritieren

Arbeitszeit: **1 Stunde
(plus 2 Stunden
Einweichzeit)**
Garzeit: **insgesamt
15 Minuten**
Friteuse: **180 °C**

Tip

*Mu-Err- oder Wolkenohrpilze
bekommen Sie nur getrock-
net in Asien-Läden oder gut
sortierten Lebensmittelläden.
Sie können auch andere getrocknete Pilze oder eine
Handvoll frische Austernpilze
verwenden.*

Reispapiertaschen mit Hühnerbrust

1 Die Pilze 2 Stunden in warmem Wasser quellen lassen. Die Putenbrust in dünne Scheiben schneiden und fein hacken. Das Fleisch mit 1 EL Sojasauce und Speisestärke vermischen und kühl stellen.

2 Die Lauchzwiebeln waschen, putzen und in feine Ringe schneiden. Die Sojasprossen und die gut abgetropften Pilze hacken.

3 Das Öl in einer Pfanne erhitzen, Lauchzwiebeln darin anschwitzen, dann das Fleisch darin farblos anbraten und mit übriger Sojasauce, Alkohol und Wasser ablöschen. Sojasprossen zugeben und alles einmal aufkochen. Die Füllung mit Salz und Ingwer würzen und abkühlen lassen.

4 Das Bier in eine weite Schüssel geben und die Reispapierblätter darin nacheinander einweichen, bis sie eine weiße Farbe annehmen. Je 2 Blätter übereinander legen, 1-2 EL Füllung in die untere Hälfte geben und die Blätter wie die Frühlingsrollen (siehe Seite 68) einschlagen.

5 Das Fett auf 180 Grad erhitzen und darin nacheinander je 3 Reispapierpäckchen in 3-4 Minuten knusprig ausbacken. Auf Küchenpapier abfetten lassen.

Kühle Reispapierröllchen

Die asiatische Küche hat zum Thema Teigtaschen viele Bereicherungen beizusteuern – unter anderem diese kühlen Reispapierröllchen, die man an heißen Tagen gerne mit einem würzigen Sojadip serviert. Wer mag, kann noch ein paar Garnelen in die Füllung geben. Sehr delikat!

1 Die Möhre schälen und in feine Streifen schneiden oder raspeln. Die Mango schälen, das Fruchtfleisch am Kern entlang herunterschneiden und würfeln.

2 Die Salatblätter waschen, putzen und in Streifen schneiden. Die Kräuter waschen, trockenschwenken und die Blätter fein hacken.

3 Alle vorbereiteten Zutaten mit dem Reis mischen. Limettensaft mit 1 Prise Salz und dem Zucker verrühren und das Öl darunterschlagen. Die Reismischung damit vermengen und zugedeckt kühl stellen.

4 Die Reisblätter auf feuchte Küchentücher legen und mit weiteren feuchten Tüchern abdecken. Die Blätter etwa 10 Minuten einweichen lassen, bis sie sich gut formen lassen. Die Füllung auf die Blätter verteilen, dabei etwas Rand lassen, und die Blätter einschlagen.

5 Für den Dip die Lauchzwiebeln waschen, putzen und in feine Ringe schneiden. Diese mit Limettensaft und Sojasauce verrühren und mit Cayennepfeffer abschmecken. Die Reispapierröllchen mit dem Dip servieren.

Leicht gemacht
Ergibt 12 Stück

Für die Röllchen

1 Möhre (70 g)
1 Mango
150 g Kopfsalatblätter
1 Stengel Minze
3 Stengel Koriandergrün, ersatzweise glatte Petersilie
200 g gekochter Reis (aus 70 g rohem Reis)
Saft von 2 Limetten
Salz
2 TL brauner Zucker
4 EL Öl
1 TL Sesamöl
12 Reispapierblätter (Ø 16 cm, siehe Seite 70)

Für den Dip

2 Lauchzwiebeln
Saft von 2 Limetten
4 EL süße Sojasauce
1 Msp. Cayennepfeffer

Arbeitszeit: 25-30 Minuten
Ruhezeit: 10 Minuten

Klassiker
Für 4-6 Personen

Für den Teig
300 g Vollkornweizenmehl
$1/4$ l Wasser

Für die Füllung
300 g Chinakohl
150 g Shiitake-Pilze
200 g gegarte Garnelen
ohne Schale
1 Knoblauchzehe
2 EL asiatische Fischsauce
1 EL trockener Reiswein
oder Sherry
1 TL Ingwerpulver
Pfeffer, Zucker

Außerdem
Salz
Mehl zum Ausrollen
4 EL Öl

Arbeitszeit: 40 Minuten
Ruhezeit: 35 Minuten
Garzeit: 15 Minuten

Geschmorte Jiaozi

Jiaozi sind muschelförmige Teigtaschen, die wegen ihres besonderen Teigs auch geschmort werden können.

1 Die Hälfte des Mehls mit $1/2$ TL Salz und 8 EL Wasser zu einem Krümelteig verkneten. Übriges Wasser aufkochen, zum restlichen Mehl gießen und 2 Minuten verkneten. Nun beide Teige 5 Minuten miteinander verkneten und 30 Minuten ruhen lassen.

2 Chinakohl putzen, in feine Streifen schneiden, waschen und abtropfen lassen. Pilze putzen und wie die Garnelen grob hacken. Knoblauch schälen und hacken. Alles 2 Minuten kräftig mit den übrigen Füllungs-Zutaten verkneten und abschmecken.

3 Den Teig auf bemehlter Fläche nicht zu dünn ausrollen und Kreise ausstechen (Ø 12 cm). Den übrigen Teig erneut verkneten, ausrollen und ausstechen. Teigränder mit Wasser bestreichen. Auf die Hälfte eines Teigkreises 2 EL Füllung geben, die andere Teighälfte darüberschlagen und die Ränder gut andrücken. Nun die Ränder drei- bis viermal einfalten, so daß die Füllung stramm in der Teigtasche sitzt. Die Enden etwas nach vorne biegen. Auf diese Weise die übrigen Jiaozi formen und sie dann 5 Minuten antrocknen lassen.

4 In einer großen Pfanne mit Deckel oder in einem flachen Topf das Öl erhitzen, die Jiaozi mit dem Teigrand nach oben hineinsetzen und etwa 1 Minute anbraten. Soviel kochendes Salzwasser angießen, daß der Boden knapp 1 Fingerbreit bedeckt ist. Die Jiaozi zugedeckt 2 Minuten stark kochen lassen. Dann etwa 8-10 Minuten sanft schmoren lassen, bis die Flüssigkeit aufgesogen ist. Zuletzt die Jiaozi ohne Deckel 1-2 Minuten an der Unterseite knusprig braten.

Gut vorzubereiten
Für 4 Personen

Für die Wan Tans

etwa 20 tiefgekühlte
Wan-Tan-Blätter (siehe Tip)

1 Knoblauchzehe

200 g Tofu

2 EL Sojasauce

1 TL Sesamöl

Tabasco

150 g tiefgekühlte Erbsen

Zucker

Pfeffer

1 EL Sesamsamen

Für die Brühe

150 g Möhren

1 Bund Lauchzwiebeln

1 Stück Ingwer (ca. 4 cm)

4 Zweige Koriandergrün

1 1/2 l Gemüsebrühe

4 EL Sojasauce

Außerdem

Salz

Arbeitszeit: 45 Minuten
Ruhezeit: 15 Minuten
Garzeit: 8-10 Minuten

Tip

*Für Wan Tans brauchen Sie
hauchdünne Nudelblätter
(8 x 8 cm), die in Asien-Läden
angeboten werden.*

Wan Tans mit Tofu in Gemüsebrühe

Wan Tans sind die klassischen Nudeltaschen Chinas, das ja als Mutterland der Nudel gilt. Sie können gekocht und in Brühe gegessen werden – aber auch gedämpft oder fritiert genießt man Wan Tans im Reich der Mitte.

1 Die Wan Tan-Blätter auftauen lassen.

2 Den Knoblauch schälen und fein würfeln. Den Tofu fein hacken und mit Knoblauch, Sojasauce, Sesamöl und Tabasco vermischen und falls nötig mit Salz abschmecken. 15 Minuten durchziehen lassen.

3 Die Erbsen mit 3 EL Wasser und je 1 Prise Zucker, Salz und Pfeffer zugedeckt 10 Minuten dünsten und abkühlen lassen. Die Sesamsamen in einer trockenen Pfanne anrösten. Beides mit dem Tofu vermengen.

4 Die Wan-Tan-Blätter mit etwas Wasser bestreichen und jeweils 1 TL Füllung in eine Hälfte setzen. Die zweite Hälfte darüberschlagen, so daß ein Dreieck entsteht. Die Ränder fest andrücken. Nun jeweils die beiden Spitzen zueinander falten und zusammendrücken. Die Wan Tans mit Folie oder einem feuchten Tuch abdecken.

5 Für die Brühe die Möhren schälen und in feine Streifen schneiden oder raspeln. Die Lauchzwiebeln putzen und in feine Ringe schneiden. Den Ingwer schälen und reiben. Den Koriander waschen, trockenschwenken und die Blätter hacken.

6 Gemüse samt Ingwer mit der Brühe aufkochen und in etwa 5 Minuten bißfest kochen. Die Brühe mit Sojasauce und Salz abschmecken und die Wan Tans darin in 8-10 Minuten garen. Die Wan Tans mit der Brühe in Schälchen servieren und mit dem Koriandergrün bestreuen.

Wan Tans mit Schweinefleisch

1 Die Wan Tan-Blätter auftauen lassen.

2 Das Schweinefilet von Häuten und Sehnen befreien, in dünne Scheiben schneiden und fein hacken. Speck fein würfeln. Lauchzwiebeln waschen, putzen und in feine Röllchen schneiden.

3 Fleisch, Speck und Lauchzwiebeln mit Chilisauce, Ingwer und Speisestärke vermischen und mit Salz abschmecken. 15 Minuten kühl stellen. Schnittlauch waschen und trockenschwenken.

4 Die Wan-Tan-Blätter mit Wasser bestreichen. Jeweils 1 TL Füllung in die Mitte setzen und die Ecken der Teigblätter darüberschlagen und eindrehen, so daß kleine Säckchen entstehen. Diese oben noch etwas festdrücken und mit Schnittlauchhalmen zubinden.

5 Einen großen Topf 3 cm hoch mit Wasser füllen und dieses aufkochen. Den Dämpfkorb mit Chinakohlblättern auslegen, die Wan Tans hineinsetzen. Beim Gebrauch eines Dämpftopfs ebenso vorgehen.

6 Den Dämpfkorb fest verschließen und ins kochende Wasser setzen bzw. den Dämpfeinsatz in den Topf setzen und diesen verschließen. Die Wan Tans in 8-10 Minuten bißfest dämpfen – dabei bitte nicht den Deckel heben, da sonst zuviel Dampf und Hitze entweichen.

Variation

Für fritierte Wan Tans geben Sie noch 1 Eigelb zur Füllung und bestreichen den Rand der Teigblätter mit Eiweiß. Sie werden dann gefüllt, zu Dreiecken zusammengeklappt und am Rand festgedrückt. Dann die Wan Tans in 2-3 Minuten in 180 Grad heißem Fett goldgelb ausbacken.

Leicht gemacht
Für 4 Personen

etwa 20 tiefgekühlte Wan-Tan-Blätter (siehe Seite 76)

200 g Schweinefilet

50 g geräucherter Speck in Scheiben

1 Bund Lauchzwiebeln

1 TL Chilisauce

1 TL gemahlener Ingwer

1 TL Speisestärke

Salz

1 Bund Schnittlauch

Chinakohlblätter zum Dämpfen

einen chinesischen Dämpfkorb oder einen Topf mit Dämpfeinsatz (aus dem Asien-Laden)

Arbeitszeit: 30 Minuten
Garzeit: 8-10 Minuten

Braucht etwas Zeit
Ergibt etwa 20 Stück

Für den Teig

¹/₄ Würfel frische Hefe (10 g)	
150 ml Wasser	
1 EL Zucker	
250 g Weizenmehl	

Für die Füllung

1 Tomate
1 Zwiebel
2 Knoblauchzehen
1 Stück Ingwerwurzel (ca. 2 cm)
2 Chilischoten
1 Aubergine (300 g)
4 EL Öl
1 EL Weinessig
Zucker

Außerdem

Salz
Mehl zum Formen
Chinakohlblätter zum Dämpfen
einen chinesischen Dämpf-korb oder einen Topf mit Dämpfeinsatz (aus dem Asien-Laden)

Arbeitszeit: 1 Stunde
Ruhezeit: 3¹/₂ Stunden
Garzeit: jeweils 10 Minuten

Baozi mit scharfen Auberginen

1 Für den Teig die Hefe zerbröckeln und mit Wasser und Zucker glattrühren. Mit dem Mehl und ¹/₂ TL Salz zu einem glatten Teig verkneten. Zugedeckt an einem warmen Ort 3 Stunden gehen lassen.

2 Die Tomate häuten (siehe Tip auf Seite 28). Das Kernfleisch entfernen und das Fruchtfleisch würfeln. Zwiebel und Knoblauch schälen und würfeln, Ingwer schälen und reiben. Chilischoten halbieren, entkernen und hacken. Aubergine waschen, putzen und würfeln.

3 Zwiebeln, Knoblauch und Chili im Öl anbraten. Auberginen und Ingwer 1 Minute mitbraten und mit dem Essig ablöschen. Tomaten zugeben und alles mit Salz und Zucker abschmecken. 10 Minuten dünsten und abkühlen lassen.

4 Den gegangenen Teig nochmals verkneten, auf bemehlter Fläche zu einer Rolle formen und 30 Minuten gehen lassen. Daraus etwa 20 Stücke schneiden. Diese auf bemehlter Fläche zu Scheiben ausrollen, die am Rand etwas dicker sind.

5 Teigscheiben mit je 1 EL Füllung belegen. Den Teig jeweils nach und nach hochziehen, zusammenfalten und oben festdrücken. Zum Schluß das obere Ende etwas eindrehen.

6 In einem weiten Topf etwas Wasser aufkochen. Den Dämpfkorb mit Chinakohlblättern auslegen und die Baozi im Abstand von etwa 2 cm hineingeben. Beim Gebrauch eines Dämpftopfs ebenso vorgehen. Den Dämpfkorb fest verschließen und ins kochende Wasser setzen bzw. den Dämpfeinsatz in den Topf setzen und diesen verschließen. Die Baozi bei starker Hitze etwa 10 Minuten dämpfen.

Für den Teig

$1/4$ Würfel frische Hefe (10 g)	
150 ml Wasser	
250 g Weizenmehl	

Für die Füllung

2 Lammsteaks aus der Keule (je 150 g)
1 Knoblauchzehe
4 EL Öl
200 g Möhren
1 kleine Stange Lauch
1 Stück Ingwer (3-4 cm)
Pfeffer
gemahlener Zimt
1 EL Fischsauce
1 Bund Basilikum

Außerdem

Zucker
Salz
Mehl zum Formen
Chinakohlblätter zum Dämpfen
einen chinesischen Dämpfkorb oder einen Topf mit Dämpfeinsatz (aus dem Asien-Laden)

Arbeitszeit: **1 Stunde**
Ruhezeit: **3$1/2$ Stunden**
Garzeit: jeweils **10 Minuten**

Baozi mit Lamm und Möhren

1 Für den Teig die Hefe zerbröckeln und mit Wasser und 1 EL Zucker glattrühren. Mit dem Mehl und $1/2$ TL Salz zu einem glatten Teig verkneten. Zugedeckt an einem warmen Ort 3 Stunden gehen lassen.

2 Die Lammsteaks flachklopfen. Knoblauch schälen, im Öl anbraten und herausnehmen. Die Möhren schälen und raspeln. Den Lauch putzen, längs halbieren, waschen und in feine Streifen schneiden. Den Ingwer schälen und fein reiben.

3 Die Lammsteaks mit Salz und Pfeffer würzen und im Knoblauchöl auf jeder Seite kurz anbraten. Abkühlen lassen und fein würfeln. Den Ingwer im Bratfett anbraten, dann Möhren und Lauch zugeben und andünsten. Mit Zimt und Fischsauce würzen und 2 Minuten dünsten lassen. Die Füllung mit Salz, Pfeffer und Zucker abschmecken und abkühlen lassen. Basilikum waschen, trockenschwenken, die Blätter hacken und mit der Füllung vermischen.

4 Den gegangenen Teig nochmals verkneten, auf bemehlter Fläche zu einer Rolle formen und 30 Minuten gehen lassen. Daraus etwa 20 Stücke schneiden. Diese auf bemehlter Fläche zu Scheiben ausrollen, die am Rand etwas dicker sind. Teigscheiben mit je 1 EL Füllung belegen. Den Teig jeweils hochziehen, zusammenfalten und oben festdrücken, das obere Ende etwas eindrehen.

5 In einem weiten Topf etwas Wasser aufkochen. Den Dämpfkorb mit Chinakohlblättern auslegen und die Baozi im Abstand von etwa 2 cm hineinsetzen. Beim Gebrauch eines Dämpftopfs ebenso vorgehen. Den Dämpfkorb fest verschließen und ins kochende Wasser setzen bzw. den Dämpfeinsatz in den Topf setzen und diesen verschließen. Die Baozi bei starker Hitze etwa 10 Minuten dämpfen.

Hefetaschen mit geschmortem Spinat

1 Für die Füllung die Knoblauchzehe hacken. Den Tofu würfeln und mit dem Knoblauch, 3 EL Sojasauce und Zitronensaft mischen und 1 Stunde marinieren.

2 Den Blattspinat waschen, putzen und hacken. Die Lauchzwiebeln waschen, putzen und in Ringe schneiden. Die Linsen im Wasser in 15 Minuten bißfest kochen.

3 Für den Teig die Hefe zerbröckeln und mit dem Wasser und dem Zucker glattrühren. Dies mit Mehl, Öl und $1/2$ TL Salz zu einem glatten Teig verkneten und an einem warmen Ort zugedeckt 30 Minuten gehen lassen.

4 4 EL Butterschmalz erhitzen und die Lauchzwiebeln darin glasig braten. Den gut abgetropften Spinat dazugeben und 2 Minuten unter Rühren schmoren lassen. Tofu, abgetropfte Linsen und übrige Sojasauce zugeben und alles 1 Minute garen lassen. Zum Schluß noch 1 EL Butterschmalz darunterrühren und die Füllung mit Salz und Pfeffer abschmecken. Abkühlen lassen.

5 Den gegangenen Teig in 8 Teile teilen, diese nochmals kneten und zu Kugeln formen. Teig nochmals 10 Minuten gehen lassen.

6 Den Ofen auf 200 Grad vorheizen. Die Teigkugeln auf bemehlter Fläche zu etwa 5 mm dicken runden Fladen ausrollen und die Ränder mit verquirltem Eigelb bestreichen. Jeweils 2 EL Füllung daraufgeben, zusammenklappen und die Ränder festdrücken.

7 Die Teigtaschen mit Eigelb bestreichen und in ausreichendem Abstand auf mit Backpapier belegte Backbleche setzen. Im Ofen in 20-25 Minuten knusprig backen.

Preiswert
Ergibt 8 Stück

Für den Teig
$1/2$ Würfel frische Hefe (20 g)
100 ml lauwarmes Wasser
$1/2$ TL Zucker
250 Weizenmehl
4 EL Öl

Für die Füllung
1 Knoblauchzehe
150 g Tofu
6 EL Sojasauce
1 TL Zitronensaft
500 g Blattspinat
4 Lauchzwiebeln
50 g getrocknete rote Linsen
100 ml Wasser
5 EL Butterschmalz
Pfeffer

Außerdem
Salz
Mehl zum Ausrollen
1-2 Eigelb zum Bestreichen

Arbeitszeit: **1 Stunde**
Ruhezeit: **40 Minuten**
Garzeit: **20-25 Minuten**
E-Herd 200 °C/
Umluft 180 °C/Gas Stufe 3

Das mögen Kinder
Ergibt 16 Stück

Für den Teig
300 g Mehl
1 TL Curry
4 EL Butterschmalz
175 ml Wasser

Für die Füllung
3 EL Erdnußkerne
1 TL Koriandersamen
1 Knoblauchzehe
300 g Hühnerbrust ohne Haut und Knochen
100 g Ananasfleisch
1 Bund glatte Petersilie
2 EL Butterschmalz
$1/8$ l ungesüßte Kokosmilch (Dose)
Pfeffer

Außerdem
Salz
Mehl zum Ausrollen
Fett zum Fritieren

Arbeitszeit: 1 Stunde
Ruhezeit: 10 Minuten
Garzeit: insgesamt
15 Minuten
Friteuse 180 °C

Thai-Taschen mit Hühnerbrust

Fritierte Teigtaschen liebt man besonders in Südostasien, wo sie oft direkt am Straßenrand in heißem Fett gebacken und genossen werden.

1 Für den Teig das Mehl mit Curry und $1/2$ TL Salz vermischen und mit dem Butterschmalz sowie dem Wasser 15 Minuten lang verkneten. Den Teig zugedeckt 10 Minuten ruhen lassen.

2 Die Erdnußkerne hacken und mit dem Koriander in einer trockenen Pfanne anrösten. Knoblauch schälen und würfeln. Die Hühnerbrust fein würfeln. Ananas ebenfalls würfeln. Petersilie waschen, trockenschwenken und grob hacken.

3 Knoblauch im Butterschmalz anbraten. Kokosmilch samt Erdnüssen und Koriander zugeben und zur Hälfte einkochen lassen. Alle übrigen vorbereiteten Zutaten dazugeben und erwärmen, jedoch nicht aufkochen. Alles mit Salz und Pfeffer abschmecken und abkühlen lassen.

4 Den Teig in 8 Stücke teilen und diese auf bemehlter Fläche zu dünnen Fladen ausrollen. Die Fladen halbieren und die Ränder mit Wasser bestreichen. Auf eine Seite der Fladenhälften jeweils 1 EL Füllung geben, die zweite Hälfte darüberklappen und fest andrücken.

5 Fett auf 180 Grad erhitzen und die Taschen darin auf jeder Seite etwa 2 Minuten fritieren.

Beilagen-Tip
Dazu schmecken fertige Chutneys oder Pickles.

Auf internationale Art

Teigtaschen aus aller Welt finden Sie in diesem Kapitel, das alte Europa ist genauso vertreten wie die Neue Welt und der Orient. Los geht's in der Slowakei, viele hundert Kilometer weiter östlich von Deutschland, wo man deftige Genüsse schätzt. Die Türkei, Indien, Amerika sowie Frankreich und Großbritannien sind weitere Stationen auf dieser kulinarischen Weltreise ...

Liptauer Pastetchen

Klassiker
Ergibt 10-12 Stück

Für den Teig
300 g Mehl
1/2 TL Backpulver
80 g weiche Butter
1 Ei
1/8 l saure Sahne

Für die Füllung
400 g Magerquark
100 g Schafskäse
1 Zwiebel
50 g Butter
1 EL Paprikapulver
2 Eier
Pfeffer

Außerdem
Salz
Mehl zum Ausrollen
1 Eigelb zum Bestreichen
Butter für das Backblech

Arbeitszeit: 1 Stunde
Ruhezeit: 45 Minuten
Garzeit: 20-25 Minuten
E-Herd 200 °C/
Umluft 180 °C/Gas Stufe 3

Liptauer ist ein Brotaufstrich, der in Osteuropa sehr beliebt ist. Eigentlich wird er mit »Brimsen« gemacht, einem Quark aus Schafsmilch. Wir haben ihn mit Quark und Schafskäse für dieses Rezept abgewandelt.

1 Das Mehl mit dem Backpulver und 1 TL Salz vermischen. Die Butter schaumig rühren, dann das Ei und die saure Sahne darunterrühren. Das Mehl zügig darunterkneten. Den Teig zugedeckt 45 Minuten kühl stellen.

2 Den Quark gut abtropfen lassen. Den Schafskäse reiben oder mit einer Gabel oder einen Stampfer fein zerkleinern. Die Zwiebel schälen und würfeln. Butter leicht bräunen lassen, Zwiebeln zugeben und 1 Minute darin dünsten. Zum Schluß das Paprikapulver darin einmal aufschäumen und alles abkühlen lassen.

3 Den Quark aufschlagen, Schafskäse und Paprikabutter dabei langsam zugeben. Die Eier unterrühren, die Masse mit Salz und Pfeffer abschmecken und 1 Stunde kühl stellen. Den Ofen auf 200 Grad vorheizen.

4 Den Teig auf bemehlter Fläche dünn ausrollen. Kleine und große Kreise ausstechen (Ø 9 bzw. 12 cm). Je 1 EL Füllung auf die großen Kreise setzen. Jeweils die kleinen Teigkreise daraufgeben und mit verquirltem Eigelb bestreichen. Den überstehenden Teig hochklappen und dabei gleichmäßig falten. Den übrigen Teig mit Eigelb bestreichen.

5 Die Pastetchen auf ein gebuttertes Backblech setzen und in etwa 20 Minuten im Ofen goldgelb backen.

Beilagen-Tip
Dazu schmeckt Krautsalat oder ein kräftig abgeschmeckter Blattsalat.

Bild Seite 84/85

Georgische Käsepastetchen

1 Für den Teig die Butter zerlassen und abkühlen lassen. Die Hefe mit Wasser und Zucker verrühren und 15 Minuten gehen lassen. Dann mit $1/2$ TL Salz, 200 g Mehl und der zerlassenen Butter verkneten. Nun nach und nach das übrige Mehl darunterkneten, bis ein griffiger, nicht mehr klebender Teig entsteht. Diesen zugedeckt an einem warmen Ort 1 Stunde gehen lassen.

2 Den Käse entrinden und reiben. Die Käsemasse mit dem Ei, der Butter und dem Majoran vermengen und mit etwas Pfeffer würzen.

3 Den Teig nochmals verkneten und auf bemehlter Fläche etwa 5 mm dick ausrollen. Die Teigplatte in Quadrate mit etwa 12 cm Seitenlänge schneiden.

4 Die Ränder mit verquirltem Eigelb bestreichen und die Füllung auf die Mitte verteilen. Den Teig jeweils von den Ecken her hochklappen und an den Kanten zusammendrücken, so daß oben noch eine Öffnung frei bleibt.

5 Den Ofen auf 180 Grad vorheizen. Die Pastetchen 15 Minuten gehen lassen. Dann mit dem übrigen Eigelb bestreichen und die Käsefüllung jeweils mit einigen Tropfen Wodka beträufeln.

6 Die Käsepastetchen auf gebutterte Backbleche setzen und im Ofen in 20-25 Minuten goldgelb backen.

Beilagen-Tip

Dazu schmeckt ein süßlich angemachter Gurkensalat und – Wodka natürlich!

Braucht etwas Zeit
Ergibt 18-20 Stück

Für den Teig

50 g Butter
2 $1/2$ TL Trockenhefe
100 ml lauwarmes Wasser
2 TL Zucker
etwa 280 g Mehl

Für die Füllung

200 g Tilsiter
300 g Edamer
1 Ei
20 g weiche Butter
1 EL getrockneter Majoran
Pfeffer

Außerdem

Salz
Mehl zum Ausrollen
1-2 Eigelb zum Bestreichen
4 EL Wodka
Butter für die Backbleche

Arbeitszeit: 1$1/4$ Stunden
Ruhezeit: 1$1/4$ Stunden
Garzeit: 20-25 Minuten
E-Herd 200 °C/
Umluft 180 °C/Gas Stufe 3

Für besondere Anlässe
Ergibt 6-8 Taschen

Für den Teig
120 g Buchweizenmehl
50 g Weizenmehl
2 Eier
200 ml Wasser
60 g Schmand oder Crème fraîche

Für die Füllung
2 hartgekochte Eier
150 g Räucherlachs
$\frac{1}{2}$ Salatgurke (etwa 250 g)
1 Zwiebel
3 EL Schmand oder Crème fraîche
1 TL gehackter Dill
Pfeffer

Außerdem
Salz
4 EL zerlassene Butter zum Bestreichen und für das Backblech

Arbeitszeit: 30 Minuten
Ruhezeit: 30 Minuten
Garzeit: 20 Minuten
E-Herd 200 °C/
Umluft 180 °C/Gas Stufe 3

Buchweizentaschen mit Lachs

1 Für den Teig die beiden Mehlsorten mischen. Die Eier trennen. Die Eigelbe mit Wasser und Schmand verquirlen und mit dem Mehl glattrühren. Den Teig 30 Minuten quellen lassen.

2 Inzwischen die gekochten Eier pellen und wie den Räucherlachs würfeln. Die Gurke schälen, längs halbieren und mit einem Teelöffel die Kerne herausschaben. Gurke fein würfeln. Zwiebel schälen und würfeln.

3 Schmand und Dill verrühren und kräftig mit Salz und Pfeffer abschmecken. Alle geschnittenen Zutaten damit behutsam vermengen und zugedeckt kühl stellen.

4 Eiweiß mit $\frac{1}{4}$ TL Salz steif schlagen und unter den Teig heben. Daraus in einer beschichteten Pfanne mit etwas Butter Pfannkuchen backen, dabei etwa 4 EL Teig zurückbehalten. Die Pfannkuchen abkühlen lassen. Den Ofen auf 200 Grad vorheizen.

5 Die Füllung jeweils auf einer Pfannkuchenhälfte verstreichen, dabei je 1 cm Rand lassen. Diesen jeweils mit dem übrigen Teig bestreichen und die andere Hälfte darüberklappen.

6 Die Taschen mit der zerlassenen Butter bestreichen, auf ein gebuttertes Backblech setzen und im Ofen etwa 20 Minuten backen.

Variation
Ersetzen Sie 50 g Lachs durch Lachs- oder Forellenkaviar!

Piroggen mit Wirsing

Preiswert
Ergibt etwa 20 Stück

Für den Teig
2 ½ TL Trockenhefe
1 TL Zucker
50 ml lauwarmes Wasser
etwa 400 g Mehl
175 ml lauwarme Milch
90 g zerlassene Butter
2 Eier
Öl zum Bestreichen

Für die Füllung
400 g Wirsing
1 Zwiebel
½ TL Kümmel
2 EL Butter
2 EL saure Sahne
Pfeffer, Muskatnuß
2 TL Senf

Außerdem
Salz
Mehl zum Ausrollen
2 Eigelb zum Bestreichen
1 TL Kümmel

Arbeitszeit: **50 Minuten**
Ruhezeit: **2 ¾ Stunden**
Garzeit: **20-25 Minuten**
E-Herd 200 °C/
Umluft 180 °C/Gas Stufe 3

Piroggen ißt man in Rußland in allen Lebenslagen – vormittags zum zweiten Frühstück, mittags an der Imbißbude oder abends in großer Runde mit viel Sekt und Wodka. Kohl aller Art ist die klassische Füllung.

1 Für den Teig die Hefe mit dem Zucker und dem Wasser verrühren und 15 Minuten stehen lassen. 300 g Mehl, ½ TL Salz und die übrigen Zutaten darunterkneten, bis der Teig Blasen wirft. Noch soviel Mehl darunterkneten, bis der Teig nicht mehr klebt, aber noch geschmeidig ist.

2 Den Teig mit Öl bestreichen und zugedeckt an einem warmen Ort in etwa 1 ½ Stunden zur doppelten Größe aufgehen lassen. Den Teig nochmals verkneten, flach drücken und 1 Stunde zugedeckt kühl stellen.

3 Den Wirsing putzen, vierteln und vom Strunk befreien. Die Viertel in Streifen schneiden, abspülen und abtropfen lassen. Zwiebel schälen, würfeln und samt dem Kümmel in der Butter glasig braten. Den Wirsing zugeben und alles in 10 Minuten bißfest dünsten. Die saure Sahne einrühren, alles mit Salz, Pfeffer, Muskat und Senf abschmecken und abkühlen lassen.

4 Den Teig zur Hälfte auf bemehlter Fläche dünn ausrollen und Kreise ausstechen (Ø 10 cm). Den übrigen Teig erneut verkneten, ausrollen und ausstechen. Jeweils 1 EL Füllung auf eine Kreishälfte geben, die andere Hälfte darüberklappen und die Ränder mit einer Gabel fest andrücken. Die Piroggen 15 Minuten gehen lassen. Den Ofen auf 200 Grad vorheizen.

5 Piroggen mit verquirltem Eigelb bestreichen, mit Kümmel bestreuen und auf Backbleche setzen. Im Ofen in etwa 20 Minuten goldgelb backen.

Topfenpiroggen mit Kartoffeln und Zwiebeln

Vor allem in Polen schätzt man diese sehr gehaltvolle Version der Piroggen ohne Hefe, die durch den Quark recht bekömmlich ist.

1 Die Butter in Stückchen schneiden und mit dem Mehl zu einem krümeligen Teig verkneten. Diesen schnell mit Topfen, Eigelb und $1/2$ TL Salz verkneten, in Folie wickeln und 2 Stunden kühlen.

2 Die Kartoffeln waschen und in Salzwasser in etwa 20 Minuten bißfest kochen. Die Zwiebeln schälen, würfeln und in der Butter 10 Minuten sanft dünsten lassen. Gegarte Kartoffeln pellen, noch heiß stampfen und mit den warmen Zwiebeln vermengen. Die Masse abkühlen lassen.

3 Den Schnittlauch waschen, trockenschwenken und in Röllchen schneiden. Mit dem Topfen unter die Kartoffelmasse mengen und mit Salz, Pfeffer und Muskat würzen.

4 Den Ofen auf 180 Grad vorheizen. Den Teig auf bemehlter Fläche dünn ausrollen und Kreise ausstechen (Ø 10 cm). Den übrigen Teig erneut verkneten, ausrollen und ausstechen. Die Teigränder mit verquirltem Eigelb bestreichen. Jeweils 1 EL Füllung auf eine Kreishälfte geben, die andere Hälfte darüberklappen und die Ränder mit einer Gabel fest andrücken.

5 Die Piroggen mit Eigelb bestreichen und auf gebutterte Backbleche setzen. Im Ofen in 20-25 Minuten knusprig backen.

Beilagen-Tip
Dazu schmeckt Endiviensalat mit Speckdressing.

Das mögen Kinder
Ergibt etwa 25 Stück

Für den Teig
200 g kalte Butter

400 g Dinkelmehl

250 g Topfen oder gut abgetropfter Magerquark

2 Eigelb

Für die Füllung
400 g mehligkochende Kartoffeln

200 g Zwiebeln

4 EL Butter

1 Bund Schnittlauch

100 g Topfen oder gut abgetropfter Magerquark

Pfeffer, Muskatnuß

Außerdem
Salz

Mehl zum Ausrollen

1-2 Eigelb zum Bestreichen

Butter für die Backbleche

Arbeitszeit: 1$1/2$ **Stunden**
Ruhezeit: **2 Stunden**
Garzeit: **20-25 Minuten**
E-Herd 180 °C/
Umluft 160 °C/Gas Stufe 2-3

Türkische Lauchtaschen

Klassiker
Ergibt 8-10 Stück

Für den Teig

½ Würfel frische Hefe (20 g)	
3 EL lauwarme Milch	
1 TL Zucker	
350 g Weizenmehl	
½ TL Salz	
1 Ei	

Für die Füllung

1 Stange Lauch	
200 g Schafskäse	
1 EL gehackter Dill	
½ TL Paprikapulver	
Pfeffer	

Außerdem

Mehl zum Formen und Ausrollen	
Butter für das Backblech	

Arbeitszeit: 45 Minuten
Ruhezeit: 50 Minuten
Garzeit: 20-30 Minuten
E-Herd 180 °C/
Umluft 160°C/Gas Stufe 2-3

Diese Teigtaschen gehören in der Türkei genauso zum kulinarischen Alltag wie Kebap und Fladenbrot. Oft werden sie mit Hackfleisch gefüllt, hier eine vegetarische Version. Besonders lecker – aber auch mächtiger – werden sie, wenn man sie gleich nach dem Backen mit zerlassener Butter bestreicht.

1 Für den Teig die Hefe zerbröckeln und mit Milch und Zucker glattrühren. Mehl und Salz vermischen und mit dem Ei und der Hefemilch glatt verkneten. Aus dem Teig mit bemehlten Händen 8-10 etwa eigroße Portionen formen und mit einem feuchten Tuch abgedeckt 30 Minuten an einem warmen Ort gehen lassen.

2 Den Lauch putzen, längs halbieren und waschen, dann quer in Streifen schneiden. Den Schafskäse mit der Gabel zerdrücken und mit dem Lauch sowie dem Dill mischen. Alles mit Paprikapulver und Pfeffer würzen.

3 Die Teigstücke auf bemehlter Fläche 1 cm dick in ovaler Form ausrollen. Die Mitte mit je 1-2 EL Füllung belegen und den Teig an den beiden Spitzen hochklappen und zusammendrücken, so daß die Füllung in einer Art offenen Tasche liegt. Die Taschen auf ein gebuttertes Backblech setzen und 20 Minuten gehen lassen. Den Ofen auf 180 Grad vorheizen.

4 Die Teigtaschen mit Wasser bestreichen und im Ofen in 20-30 Minuten knusprig backen. Warm oder kalt servieren.

Manti mit Pilzen

Braucht etwas Zeit
Für 4 Personen

Für den Teig
300 g Mehl
1 Ei
$1/8$ l Wasser
Öl zum Bestreichen

Für die Füllung
300 g gemischte Pilze
1 Zwiebel
50 g Pinienkerne
1 EL gehackte Petersilie
1 TL gehacktes Koriandergrün
$1/2$ TL Paprikapulver edelsüß
Pfeffer

Außerdem
Salz
Mehl zum Ausrollen
1 Knoblauchzehe
200 g saure Sahne
100 g Joghurt
4 EL Butter
1 TL Paprikapulver edelsüß

Arbeitszeit: 1 $1/2$ Stunden
Ruhezeit: 1 Stunde
Garzeit: insgesamt 15 Minuten

Manti sind die türkische Version der italienischen Ravioli aus einem Mehl-Wasser-Teig, dem etwas Ei zugesetzt wird.

1 Das Mehl mit $1/2$ TL Salz mischen und mit dem Ei und dem Wasser zu einem glatten Teig verkneten. Den Nudelteig zur Kugel formen, mit Öl bestreichen und bei Zimmertemperatur 1 Stunde ruhen lassen.

2 Die Pilze putzen und sehr fein hacken. Die Zwiebel schälen und wie die Pinienkerne ebenfalls fein hacken. Pilze, Zwiebeln und Pinienkerne mit den Kräutern und dem Paprikapulver vermengen und mit Salz und Pfeffer abschmecken.

3 Den Nudelteig vierteln. Die Teile nacheinander auf bemehlter Fläche oder mit der Nudelmaschine dünn ausrollen und in Quadrate mit etwa 8 cm Seitenlänge teilen. Diese am Rand mit Wasser bestreichen und in je eine Hälfte 1 TL der Pilzfüllung setzen.

4 Die andere Teighälfte jeweils darüberschlagen und die Ränder fest andrücken, so daß die Füllung stramm darin sitzt. Die Manti 15 Minuten antrocknen lassen.

5 Den Knoblauch schälen, würfeln, mit etwas Salz bestreuen und mit der Messerklinge zerreiben. Knoblauch mit saurer Sahne und Joghurt verrühren.

6 Die Manti in reichlich Salzwasser nacheinander in 3-5 Minuten bißfest kochen. Die Butter aufschäumen lassen und das Paprikapulver zugeben. Die Manti in tiefe Teller geben, mit der Paprikabutter beträufeln und einen Klecks Knoblauchsahne daraufsetzen.

Cigaras mit Rindfleisch

Ein beliebter Imbiß im Inneren der Türkei. Seinen Namen verdankt er seiner zigarrenähnlichen Form.

1 Das Fleisch in dünne Streifen schneiden und fein hacken. Die Paprikaschote waschen, halbieren und von Strunk und Samenwänden befreien. Das Fruchtfleisch fein würfeln. Die Zwiebel schälen und würfeln.

2 Das Öl erhitzen. Zwiebel, Paprika und Kümmel darin 1 Minute braten. Das Fleisch zugeben und 1 Minute mitbraten, dann mit Salz, Pfeffer, Nelke und Zimt würzen.

3 Alles mit 3 EL Wasser zugedeckt 10 Minuten kochen lassen. Die Füllung abkühlen lassen. Die Mandeln grob hacken, die Petersilie waschen, trockenschwenken und die Blätter hacken. Beides mit der Füllung mischen.

4 Die Butter zerlassen. Den Strudelteig auf bemehlter Fläche ausbreiten und die Blätter in etwa 8 cm breite und 30 cm lange Streifen schneiden.

5 Den Ofen auf 200 Grad vorheizen. Die Streifen zu $3/4$ mit der zerlassenen Butter bestreichen. Auf den ungebutterten Teig jeweils 1 EL Füllung geben, den Teig bis zur Butter hin einrollen und dann auf der ganzen Längsseite etwas über die Füllung nach innen schlagen. Die Cigaras ganz einrollen und mit der übrigen Butter bestreichen.

6 Die Cigaras auf ein gebuttertes Backblech setzen und im Ofen in etwa 15 Minuten knusprig backen.

Beilagen-Tip
Dazu schmeckt Gurkensalat mit Dill, Joghurt und etwas Knoblauch.

Leicht gemacht
Ergibt 12 Stück

150 g Rinderhuftsteak
1 grüne Paprikaschote
1 Zwiebel
2 EL Öl
$1/2$ TL Kümmel
Salz, Pfeffer
1 Msp. gemahlene Nelken
1 Msp. gemahlener Zimt
3 EL Mandeln
1 Bund Blattpetersilie
40 g Butter
400 g Strudelblätter (Fertigprodukt)
Mehl zum Ausrollen
Butter für das Backblech

Arbeitszeit: 50 Minuten
Garzeit: 15 Minuten
E-Herd 200 °C/
Umluft 180 °C/Gas Stufe 3

Gut vorzubereiten
Ergibt 12 Stück

450 g tiefgekühlter
Blätterteig

4 Stauden Chicorée

1 Handvoll frischer Kerbel

250 g geräucherte
Putenbrust

150 g Blauschimmelkäse

1 reife Birne

1/2 TL Zitronensaft

2 EL Butter

2 EL Crème fraîche

Salz, Pfeffer

1-2 Eigelb zum Bestreichen

Arbeitszeit: 1 Stunde
Garzeit: 20-25 Minuten
E-Herd 200 °C/
Umluft 180 °C/Gas Stufe 3

Blätterteigtaschen mit Chicorée

Für Salat alleine ist Chicorée viel zu schade. Im Nordwesten Frankreichs genießt man ihn auch auf diese Weise in Blätterteig gebacken:

1 Die Blätterteigplatten ausbreiten und auftauen lassen.

2 Den Chicorée halbieren, vom Strunk befreien und in Streifen schneiden. Diese mit kaltem Wasser abbrausen und trockenschleudern. Den Kerbel waschen, trockenschwenken, von den groben Stielen befreien und hacken.

3 Die Putenbrust in Streifen schneiden. Den Käse entrinden und würfeln. Die Birne schälen, vierteln, vom Kerngehäuse befreien und würfeln. Mit dem Zitronensaft mischen.

4 Die Butter zerlassen und den Chicorée und die Birnen darin 1 Minute schwenken. Abkühlen lassen und mit Crème fraîche, Käse und Putenstreifen vermischen. Die Füllung mit Salz und Pfeffer abschmecken.

5 Den Ofen auf 200 Grad vorheizen. Die Blätterteigplatten quer halbieren und mit einer Gabel öfters einstechen. Die Ränder mit verquirltem Eigelb bestreichen. Die Füllung auf den Platten verteilen und alles zu dreieckigen Teigtaschen zusammenklappen. Die Ränder mit einer Gabel gut andrücken.

6 Die Teigtaschen mit Eigelb bestreichen und auf ein mit Backpapier belegtes Backblech setzen. Im Ofen in 20-25 Minuten knusprig backen.

Blätterteigtaschen mit Chester

Very british, diese Taschen, und damit auch sehr ungewöhnlich. Doch wozu sich Käse, Apfel, Nüsse und Senf hier
verbinden, entkräftet jedes Vorurteil gegen die Inselküche,
denn: it´s delicious!

1 Die Blätterteigplatten ausbreiten und auftauen lassen.

2 Den Käse entrinden und reiben. Die Walnußkerne
nicht zu fein hacken. Den Schnittlauch waschen, trockenschwenken und in Röllchen schneiden. Den Apfel schälen,
vierteln, vom Kerngehäuse befreien und würfeln.

3 400 g Käse, die Walnüsse und die Apfelwürfel mit den
Eiern und dem Senf vermengen und die Masse mit Pfeffer,
Muskat, Worcestershire-Sauce und, falls nötig, mit Salz ab-
schmecken.

4 Den Ofen auf 225 Grad vorheizen. Die Blätterteigplatten quer halbieren. Die Ränder mit verquirltem Eigelb bestreichen. Die Füllung darauf verteilen und alles zu dreieckigen Teigtaschen zusammenklappen. Die Ränder mit
der Gabel fest andrücken.

5 Die Teigtaschen mit dem restlichen Eigelb bestreichen
und auf ein mit Backpapier belegtes Backblech setzen. Im
Ofen in etwa 20 Minuten knusprig backen. In den letzten
5 Minuten den übrigen Käse auf die Blätterteigtaschen
streuen und schmelzen lassen.

Beilagen-Tip
Dazu schmeckt ein mit einer kräftigen Rotweinvinaigrette
angemachter Feldsalat mit ein paar Champignons darin.

Originell
Ergibt 12 Stück

450 g tiefgekühlter Blätterteig
450 g Chesterkäse
100 g Walnußkerne
1 Bund Schnittlauch
1 Apfel (z.B. Boskoop)
4 Eier
2 EL Senf
Pfeffer
Muskat
Worcestershire-Sauce
1-2 Eigelb zum Bestreichen

Arbeitszeit: **50 Minuten**
Garzeit: **20 Minuten**
**E-Herd 225 °C/
Umluft 200 °C/Gas Stufe 4**

Gut vorzubereiten
Ergibt 12-14 Stück

Für den Teig

2 getrocknete Chilischoten	
500 g Weizenvollkornmehl	
1 TL Kurkuma	
80 g Butter	
1 TL Backpulver	
100 g saure Sahne	
1 EL gehackter Koriander oder Petersilie	
etwa 150 ml Wasser	

Für die Füllung

400 g Möhren	
200 g Kartoffeln	
2 Zwiebeln	
1 Knoblauchzehe	
1 TL Fenchelsamen	
3 EL Butterschmalz	
1 EL Curry	
5 EL Wasser	
100 g tiefgekühlte Erbsen	
1 EL gehackter Koriander oder Petersilie	

Außerdem

Salz	
Mehl zum Ausrollen	
Butterschmalz für das Backblech und zum Bestreichen	

Arbeitszeit: 1¼ Stunden
Ruhezeit: 1 Stunde
Garzeit: 30 Minuten
E-Herd 180 °C/
Umluft 160 °C/Gas Stufe 2-3

Indische Brottaschen

1 Die Chilischoten zerbröseln und in einer Pfanne anrösten. Mehl und Kurkuma zugeben, sanft erwärmen und etwas abkühlen lassen. Die Butter zerlassen.

2 Das lauwarme Mehl erst mit 1 TL Salz und dem Backpulver, dann mit der zerlassenen Butter, der sauren Sahne, den Kräutern und soviel Wasser verkneten, daß ein nicht zu klebriger Teig entsteht. Diesen bei Zimmertemperatur zugedeckt 1 Stunde ruhen lassen.

3 Alle Gemüse putzen und schälen. Möhren und Kartoffeln gleichmäßig würfeln. Zwiebeln und Knoblauch fein würfeln und mit den Fenchelsamen im Butterschmalz anbraten. Möhren und Kartoffeln ebenfalls darin anbraten, den Curry kurz mitrösten und mit 5 EL Wasser ablöschen. Alles zugedeckt 5 Minuten dünsten lassen. Die Erbsen weitere 10 Minuten mitdünsten. Das Gemüse mit Salz abschmecken, mit den Kräutern mischen und abkühlen lassen. Den Ofen auf 180 Grad vorheizen.

4 Den Teig in 12 Stücke teilen und daraus auf bemehlter Fläche etwa 5 mm dicke Fladen ausrollen. Diese halbieren und je eine Fladenhälfte mit 2 EL Füllung belegen. Die Ränder mit Wasser bestreichen, jeweils die andere Fladenhälfte darüberschlagen, am Rand festdrücken und alles behutsam flachdrücken.

5 Die Brottaschen auf ein gebuttertes Backblech setzen und mit zerlassenem Butterschmalz bestreichen. Im Ofen in 30 Minuten knusprig backen.

Beilagen-Tip

Dazu schmeckt Joghurt pur oder vermischt mit ein paar Gewürzsamen wie Fenchel, Anis oder Kümmel und Kräutern wie Koriander oder Petersilie.

Klassiker
Ergibt 16-20 Stück

Für den Teig

300 g Weizenmehl
4 EL Butterschmalz
175 ml Wasser

Für die Füllung

1 Kopf Blumenkohl (500 g)
2 geschälte Tomaten (Dose)
2 Knoblauchzehen
1 Stück Ingwer (ca. 3 cm)
1 TL Koriandersamen
3 EL Butterschmalz
1 TL Garam masala (ersatzweise Curry)
Zucker

Außerdem

Salz
Mehl zum Ausrollen
Fett zum Fritieren

Arbeitszeit: 1 1/4 Stunden
Ruhezeit: 20 Minuten
Garzeit: insgesamt
10 Minuten
Friteuse 180 °C

Samosas mit Gemüse

1 Das Mehl mit Butterschmalz, Wasser und 1/2 TL Salz etwa 15 Minuten lang zu einem Teig kneten. Den Teig in Folie wickeln und etwa 20 Minuten ruhen lassen.

2 Den Blumenkohl putzen, in sehr kleine Röschen teilen und waschen. Die Tomaten hacken, Knoblauch und Ingwer schälen, würfeln und mit dem Koriander im Butterschmalz 1 Minute braten.

3 Den Blumenkohl tropfnaß dazugeben, kurz andünsten, dann die Tomaten und das Garam masala einrühren. Das Gemüse zugedeckt in etwa 10 Minuten weichdünsten. Mit Salz und Zucker abschmecken. Die Füllung völlig abkühlen lassen.

4 Den Teig auf bemehlter Fläche dünn ausrollen und Kreise ausstechen (Ø 2 cm). Den übrigen Teig erneut verkneten, ausrollen und ausstechen. Die Kreise halbieren. Je 1 TL Füllung auf eine Seite der Kreishälfte geben, die andere darüberklappen und die Ränder fest andrücken.

5 Das Fritierfett auf 180 Grad erhitzen und die Samosas darin nach und nach in 1-2 Minuten goldgelb und knusprig fritieren. Auf Küchenpapier abfetten lassen.

Variation
Probieren Sie auch einmal diese Füllung: 200 g frisches Kürbisfleisch und 200 g geschälte Kartoffeln fein würfeln und mit 2 in Ringe geschnittenen Lauchzwiebeln in 3 EL Butterschmalz anbraten, zum Schluß 1 EL Curry zugeben. Mit 8 EL Wasser in 10-15 Minuten weichdünsten und mit Salz, Zucker und Cayennepfeffer abschmecken. Die Samosas mit dem abgekühlten Gemüse füllen und fritieren.

Für den Teig
$1/2$ Würfel Hefe (20 g)
150 ml lauwarmes Wasser
350 g Weizenmehl

Für die Füllung
200 g Chinakohl
1 Mango
2 Lauchzwiebeln
2 EL Erdnußkerne
Saft von 1 Limette
$1/2$ TL Honig
Zitronenpfeffer
Muskatnuß

Außerdem
Salz
Mehl zum Ausrollen
6 EL Öl

Arbeitszeit: 50 Minuten
Ruhezeit: 35 Minuten
Garzeit: insgesamt
10-15 Minuten

Gebratene Hefetaschen

1 Die Hefe zerbröseln und mit dem Wasser glattrühren, dann mit dem Mehl und $1/2$ TL Salz zu einem glatten Teig verkneten. Den Teig 30 Minuten gehen lassen.

2 Den Chinakohl putzen, vierteln und vom Strunk befreien. Die Viertel in feine Streifen schneiden. Die Mango schälen, das Fruchtfleisch am Stein entlang herunterschneiden und würfeln. Die Lauchzwiebeln putzen, waschen und in dünne Ringe schneiden. Die Erdnußkerne hacken.

3 Die Kohlstreifen mit dem Limettensaft weichkneten. Mangowürfel, Lauchzwiebeln und Erdnußkerne samt Honig daruntermischen und alles mit Honig, Salz, Zitronenpfeffer und Muskat abschmecken.

4 Den Teig nochmals durchkneten, in 8 Stücke teilen und zu Kugeln formen. Diese 5 Minuten gehen lassen. Dann den Teig auf bemehlter Fläche zu dünnen Fladen ausrollen.

5 Die Füllung jeweils auf eine der Fladenhälften geben, die andere Hälfte darüberschlagen und die Ränder fest andrücken.

6 Das Öl in einer großen Pfanne erhitzen und die Hefetaschen darin auf jeder Seite jeweils in 3-4 Minuten knusprig braten.

Beilagen-Tip
Dazu schmeckt ein Dip aus Joghurt, Gurken und etwas Mango-Chutney.

Amerikanische Maismehlschnitten

Aus den USA, dem Land der unbegrenzten Möglichkeiten, kommt diese riesengroße Teigtasche, die mit dem Auflauf genauso verwandt ist wie mit dem pikanten Blechkuchen. Nach dem Backen wird sie dann in Stücke geteilt.

1 Für die Füllung den Fisch würfeln und mit Salz, Pfeffer und Limettensaft vermischen. 20 Minuten marinieren lassen.

2 Zucchini putzen, waschen, längs vierteln und in dünne Scheiben schneiden. Tomaten häuten (siehe Tip auf Seite 28), entkernen und würfeln, Zwiebel schälen und würfeln, Eier pellen und würfeln. Den Käse reiben, den Mais in einem Sieb abspülen und gut abtropfen lassen. Alles mit dem Fisch und dem Oregano vermischen und mit Salz und Pfeffer würzen. Den Ofen auf 225 Grad vorheizen.

3 Für den Teig die Mehlsorten mit Zucker, Backpulver und 1 TL Salz vermischen. Die Butter zerlassen, abkühlen lassen und mit den Eiern und der Buttermilch verrühren. Dies zügig mit der Mehlmischung verkneten.

4 Ein Backblech buttern. Knapp die Hälfte des Teigs darauf verstreichen. Dann die Füllung daraufgeben, wobei am Rand 1-2 cm Teig freibleiben sollten. Den übrigen Teig darüberstreichen, so daß die Füllung gut eingeschlossen ist.

5 Das Backblech in den Ofen schieben und alles 20-25 Minuten backen. Dabei nach 15 Minuten mit der weichen Butter bestreichen. Das fertige Gebäck mit einem Messer in Stücke schneiden und warm servieren.

Beilagen-Tip
Dazu schmeckt ein Tomatensalat mit viel Schnittlauch.

Leicht gemacht
Ergibt etwa 20 Stück

Für den Teig
400 g Maismehl
250 g Weizenmehl
2 TL Zucker
1 Päckchen Backpulver
100 g Butter
2 Eier
$\frac{1}{2}$ l Buttermilch

Für die Füllung
200 g Seelachs
schwarzer Pfeffer
Saft von $\frac{1}{2}$ Limette
200 g Zucchini
2 Tomaten
1 Zwiebel
2 hartgekochte Eier
150 g Gouda
1 Dose Mais (140 g)
1 TL Oregano

Außerdem
Salz
Butter für das Backblech
40 g weiche Butter zum Bestreichen

Arbeitszeit: 30-35 Minuten
Garzeit: 20-25 Minuten
E-Herd 225 °C/
Umluft 200 °C/Gas Stufe 4

Auf süße Art

In der süßen Küche hat die Teigtasche seit langem einen Stammplatz. Daher treffen Sie in diesem Kapitel ein paar alte Bekannte, knüpfen aber auch neue kulinarische Kontakte. Köstliche Überraschungen nicht nur für die, die selbst beim Naschen nicht von der Nudel lassen können ...

Originell
Ergibt 12 Stück

1 Mango
250 g Tofu
3 Eier
170 g weiche Butter
1 Banane (150 g)
6 EL Kokosflocken
120 g brauner Zucker
Salz
300 g Strudelblätter (Fertig-produkt, je 30 x 40 cm)
Mehl zum Wenden
Butter für das Backblech

Arbeitszeit: 50 Minuten
Garzeit: 30 Minuten
E-Herd 180 °C/
Umluft 160 °C/Gas Stufe 2-3

Strudeltaschen mit Mango

1 Die Mango schälen, das Fruchtfleisch am Kern entlang herunterschneiden und würfeln. Den Tofu ebenfalls würfeln und mit der Gabel zerdrücken.

2 Die Eier trennen und die Eigelbe mit 40 g Butter schaumig schlagen, dabei den Tofu nach und nach zugeben. Die Banane schälen, mit der Gabel zerdrücken und mit 4 EL Kokosflocken und der Hälfte des Zuckers in die Tofumasse rühren. Die übrige Butter zerlassen. Eiweiße mit 1 Prise Salz steif schlagen, dabei nach und nach den übrigen Zucker einrieseln lassen. Den Eischnee kühl stellen.

3 Die Strudelblätter vorsichtig ausbreiten, mit zerlassener Butter bestreichen und vierteln. Die Blätter auf Küchentücher ziehen und mit weiteren Tüchern abdecken. Die Mangowürfel in Mehl wenden und auf die Tofumasse geben, den Eischnee vorsichtig unterheben.

4 Ein Strudelblatt aufdecken. An die Längsseite etwa 3 cm vom Rand entfernt 3-4 EL Füllung geben, dabei genug Abstand zu den schmalen Seiten halten. Teig von den schmalen Seiten her einschlagen, mit Butter bestreichen und nun von der Längsseite her mit Hilfe des Küchentuchs einrollen. Mit den übrigen Taschen ebenso verfahren.

5 Den Ofen auf 180 Grad vorheizen. Die Strudeltaschen mit der Naht nach unten auf ein gebuttertes Backblech setzen und mit der Hälfte der zerlassenen Butter bestreichen.

6 Die Taschen im Ofen etwa 20 Minuten backen, dabei öfters mit zerlassener Butter bestreichen. Nun die übrigen Kokosflocken in die restliche Butter geben, den Strudel weitere 10 Minuten backen und dabei öfter mit der Kokosbutter bestreichen.

Bild Seite 104/105

Topfenstrudeltaschen

1 Von den Brötchen die Rinde abreiben, die Brötchen würfeln und in der Milch einweichen. Die Sultaninen in einem Sieb abspülen, knapp mit Wasser bedecken und 30 Minuten quellen lassen.

2 Die Eier trennen. Eigelbe mit 60 g Butter schaumig schlagen, dabei nach und nach den Vanillezucker und die Hälfte des Zuckers einrieseln lassen.

3 Den Quark mit der Sahne glattrühren, die ausgedrückten Brötchen und die Eimasse darunterrühren. Die Eiweiße mit 1 Prise Salz steif schlagen, dabei nach und nach den übrigen Zucker einrieseln lassen. Kühl stellen.

4 Die Strudelblätter vorsichtig ausbreiten, mit zerlassener Butter bestreichen und vierteln. Die Blätter auf Küchentücher ziehen und mit weiteren Tüchern abdecken. Die gut abgetropften Sultaninen in Mehl wenden, auf die Quarkmasse geben und den Eischnee mit einem Kochlöffel behutsam unterheben.

5 Ein Strudelblatt aufdecken. An die Längsseite etwa 3 cm vom Rand entfernt 3-4 EL Füllung geben, dabei genug Abstand zu den schmalen Seiten halten. Teig von den schmalen Seiten her einschlagen, mit Butter bestreichen und nun von der Längsseite her mit Hilfe des Küchentuchs einrollen. Mit den übrigen Taschen ebenso verfahren.

6 Den Ofen auf 180 Grad vorheizen. Die Strudeltaschen mit der Naht nach unten auf ein gebuttertes Backblech setzen und mit der Hälfte der zerlassenen Butter bestreichen.

7 Die Taschen im Ofen etwa 30 Minuten backen, dabei öfters mit zerlassener Butter bestreichen.

Klassiker
Ergibt 12 Stück

3 altbackene Brötchen

150 ml Milch

50 g Sultaninen

3 Eier

200 g Butter

1 Päckchen Vanillezucker

80 g Zucker

300 g Magerquark

$1/8$ l Schlagsahne

Salz

300 g Strudelblätter (Fertigprodukt, je 30 x 40 cm)

Mehl zum Wenden

Butter für das Backblech

Arbeitszeit: 50 Minuten
Garzeit: 30 Minuten
E-Herd 180 °C/
Umluft 160 °C/Gas Stufe 2-3

Leicht gemacht
Ergibt 12 Stück

150 g Korinthen	
450 g tiefgekühlter Blätterteig	
100 g Marzipanrohmasse	
3 EL Puderzucker	
100 g getrocknete Aprikosen	
100 g gemischte kandierte Früchte	
1 EL trockener Portwein oder Sherry	
1 EL Honig	
1 TL gemahlener Zimt	
1 Eiweiß	
4 EL Hagelzucker	

Arbeitszeit: 1 Stunde
Garzeit: 15-20 Minuten
E-Herd 200 °C/
Umluft 180 °C/Gas Stufe 3

Englische Früchtetaschen

1 Die Korinthen abspülen, knapp mit warmem Wasser bedecken und 30 Minuten quellen lassen. Die Blätterteigplatten ausbreiten und auftauen lassen. Das Marzipan mit dem Puderzucker glatt verkneten und zu einer Rolle (Ø etwa 4 cm) formen.

2 Die Aprikosen fein würfeln, die kandierten Früchte hacken. Portwein, Honig und Zimt miteinander verrühren und dies mit den gut abgetropften Korinthen und den übrigen Früchten vermengen.

3 Aus dem Blätterteig Kreise ausstechen (Ø 8 cm) und diese mit einer Gabel öfters einstechen. Das Marzipan in 12 Scheiben schneiden.

4 Auf jede Teigplatte 1 EL Füllung geben, eine Marzipanscheibe darauflegen und die Teigränder mit etwas verquirltem Eiweiß bestreichen. Den Teig so einschlagen, daß ovale Päckchen entstehen.

5 Den Ofen auf 200 Grad vorheizen. Die Päckchen wenden, mit dem Teigroller etwas flachdrücken und die Oberfläche dreimal einschneiden. Die Päckchen mit Eiweiß bestreichen und mit Hagelzucker bestreuen.

6 Die Früchtetaschen im Ofen in 15-20 Minuten knusprig backen und lauwarm oder kalt servieren.

Beilagen-Tip
Dazu genießt man in England »clotted cream«, eine besonders fette und cremige Sahne. Crème fraîche, Crème double oder leicht angeschlagene süße Sahne passen auch wunderbar dazu.

*Für besondere
Anlässe*
Ergibt etwa 20 Stück

Für den Teig

250 g Magerquark

80 g Zucker

3 EL Orangensaft

1 TL geriebene
Orangenschale

8 EL Olivenöl

400 g Mehl

1 Päckchen Backpulver

Für die Füllung

400 g Walnüsse

100 g Honig

1 TL Lebkuchengewürz

$1/2$ TL Anissamen

1 TL geriebene
Orangenschale

Außerdem

Mehl zum Ausrollen

2 Eigelb zum Bestreichen

1 EL Olivenöl

1 EL Anissamen

Butter für die Backbleche

Arbeitszeit: 40 Minuten
Garzeit: 20-25 Minuten
E-Herd 200 °C/
Umluft 180 °C/Gas Stufe 3

Griechische Nußtaschen

Ein Gebäck mit weihnachtlichem Geschmack, wie man es vor allem im Norden Griechenlands gerne an kalten Tagen genießt. Anis gibt ihm die besondere Note.

1 Für die Füllung die Walnüsse grob hacken und in einem Topf mit Honig, Lebkuchengewürz, Anis und Orangenschale vermengen. Alles erhitzen und zu einer sirupartigen Masse verkochen. Diese abkühlen lassen.

2 Für den Teig den Quark gut abtropfen lassen und mit Zucker, Orangensaft und -schale schaumig rühren. Das Olivenöl darunterrühren. Mehl mit Backpulver mischen, schnell mit der Quarkmasse vermengen und dann alles mit den Händen zu einem glatten Teig verkneten.

3 Den Teig auf bemehlter Fläche dünn ausrollen und Kreise ausstechen (Ø 10 cm). Den übrigen Teig erneut verkneten, ausrollen und ausstechen. Die Eigelbe mit dem Öl verquirlen und die Teigränder damit bestreichen.

4 Den Ofen auf 200 Grad vorheizen. Je 1 EL Füllung auf eine Teighälfte geben, die andere Hälfte darüberklappen und die Ränder fest andrücken.

5 Die Teigtaschen mit der Eigelbmischung bestreichen, mit Anis bestreuen und auf gebutterte Backbleche setzen. Im Ofen in 20-25 Minuten knusprig backen und lauwarm oder abgekühlt servieren.

Haselnußtaschen mit Birnen

1 Das Mehl mit den Haselnüssen vermischen. Die Butter in Stücke schneiden. Die Eigelbe mit der sauren Sahne verquirlen. Alle Zutaten schnell miteinander verkneten und den Teig in Folie für 2 Stunden in den Kühlschrank legen.

2 Die Birnen schälen, vierteln, vom Kerngehäuse und Stiel befreien. Die Viertel in dünne Scheiben schneiden und mit Zitronensaft, Zucker, Haselnüssen und Nelkenpulver vermengen.

3 Den Ofen auf 180 Grad vorheizen. Den Teig auf bemehlter Fläche dünn ausrollen und in etwa 10 cm große Quadrate teilen. Die Ränder mit verquirltem Eigelb bestreichen und je 1 EL Füllung auf eine Hälfte der Teigplatten setzen. Die andere Hälfte darüberschlagen und die Ränder mit einer Gabel fest andrücken.

4 Die Haselnußtaschen mit Eigelb bestreichen, mit braunem Zucker bestreuen und auf gebutterte Backbleche setzen. Die Taschen im Ofen 25-30 Minuten backen.

Beilagen-Tip

Dazu schmeckt eine schaumige Vanillesauce: $1/4$ l warme Milch, 100 g Zucker, 1 TL Speisestärke, Mark von 1 Vanilleschote, 1 Ei und 2 Eigelbe mit dem Handrührgerät in einer Metallschüssel aufschlagen, diese in einen Topf mit siedendem Wasser setzen und so lange schlagen, bis die Sauce dickschaumig und heiß ist – sie darf aber nicht kochen! Wenn Sie die Schüssel zum Abkühlen in kaltes Wasser setzen und die Sauce öfters aufschlagen, bleibt sie schön schaumig.

Das mögen Kinder
Ergibt etwa 15 Stück

Für den Teig
250 g Weizenmehl
70 g gemahlene Haselnüsse
200 g kalte Butter
4 Eigelb
80 g saure Sahne

Für die Füllung
600 g Birnen
2 EL Zitronensaft
50 g brauner Zucker
50 g gemahlene Haselnüsse
1 Msp. gemahlene Nelken

Außerdem
Mehl zum Ausrollen
1-2 Eigelb zum Bestreichen
2 EL brauner Zucker zum Bestreuen
Butter für die Backbleche

Arbeitszeit: 35 Minuten
Ruhezeit: 2 Stunden
Garzeit: 25-30 Minuten
E-Herd 180 °C/
Umluft 160 °C/Gas Stufe 2-3

Klassiker
Ergibt 16 Stück

Für den Teig

½ Würfel Hefe (20 g)	
1 TL Honig	
80 ml lauwarme Milch	
350 g Weizenmehl	
125 g weiche Butter	
3 Eigelb	

Für die Füllung

80 g Löffelbiskuits	
150 ml Milch	
8 EL Honig	
150 g gemahlener Mohn	

Außerdem

Salz	
Mehl zum Ausrollen	
2 Eigelb zum Bestreichen	
Butter für die Backbleche	

Arbeitszeit: 50 Minuten
Ruhezeit: 45 Minuten
Garzeit: 20-25 Minuten
E-Herd 180 °C/
Umluft 160 °C/Gas Stufe 2-3

Mohnbeugel

Mohnbeugel sind eine typische Mehlspeise aus der »k. u. k.«-Zeit, die man in Österreich gerne als süße Beigabe im Kaffeehaus verspeist. Das Besondere ist der Kontrast zwischen dem etwas mürben Hefeteig und der saftigen Füllung.

1 Die Hefe zerbröckeln und mit dem Honig in der Milch auflösen. Diese Mischung mit dem Mehl, der Butter, den Eigelben und 1 Prise Salz zu einem glatten Teig verkneten. In Folie wickeln und 30 Minuten in den Kühlschrank legen.

2 Die Löffelbiskuits in einen Gefrierbeutel geben und mit dem Teigroller fein zerbröseln. Das geht auch im Mixer der Küchenmaschine. Die Milch mit dem Honig erhitzen und die zerbröselten Löffelbiskuits sowie den Mohn und 1 Prise Salz zugeben. Die Masse 1 Minute auf der Herdplatte durchrühren, dann abkühlen lassen.

3 Den Teig nochmals verkneten und in 16 Stücke teilen. Diese auf bemehlter Fläche zu spitzen Ovalen ausrollen. Die Füllung jeweils in die Mitte setzen und die Ränder mit verquirltem Eigelb bestreichen.

4 Den Ofen auf 180 Grad vorheizen. Die Teigstücke von der Längsseite her aufrollen und zu Hörnchen biegen – so entsteht die typische Beugelform. Die Beugel mit Eigelb bestreichen und 15 Minuten ruhen lassen, bis das Eigelb getrocknet ist. Dann nochmals mit Eigelb bestreichen.

5 Die Mohnbeugel auf gebutterte Backbleche setzen und im Ofen in 20-25 Minuten goldgelb backen. Abkühlen lassen und mit einer guten Tasse Kaffee genießen.

Wunschzettel

Diese Wunschzettel sind eine vergrößerte Ausgabe traditioneller Weihnachtsplätzchen. Sie schmecken sehr gut zum Adventskaffee oder einfach so an einem kalten Winternachmittag.

1 Das Mehl mit Zucker, Vanillezucker und 1 Prise Salz vermischen. Die Butter in Stücke schneiden und mit dem Mehl zu einem krümeligen Teig verkneten. Nun die Eigelbe schnell darunterkneten. Den Teig in Folie wickeln und 2 Stunden kühlen.

2 Das Marzipan mit Pflaumenmus, Lebkuchengewürz und Rum oder Apfelsaft verkneten.

3 Den Teig auf bemehlter Fläche dünn ausrollen und in Quadrate mit etwa 12 cm Seitenlänge teilen. Jeweils 1 EL Füllung in die Mitte geben, flachdrücken und die Teigränder mit verquirltem Eigelb bestreichen.

4 Den Teig jeweils von allen Ecken her über die Füllung klappen, so daß die Spitzen in die Mitte zeigen. Die Ränder vorsichtig etwas festdrücken.

5 Den Ofen auf 180 Grad vorheizen. Die Backpflaumen halbieren. Die Wunschzettel mit Eigelb bestreichen und mit den Backpflaumen versiegeln.

6 Die Wunschzettel auf gebutterte Backbleche setzen und im Ofen in 20-25 Minuten goldgelb backen. Sie können Sie lauwarm oder ganz abgekühlt genießen.

Das mögen Kinder
Ergibt etwa 15 Stück

Für den Teig
300 g Weizenmehl

100 g Zucker

1 Päckchen Vanillezucker

Salz

180 g kalte Butter

2 Eigelb

Für die Füllung
200 g Marzipanrohmasse

100 g Pflaumenmus

$1/2$ TL Lebkuchengewürz

1 EL Rum oder Apfelsaft

Außerdem
Mehl zum Ausrollen

1-2 Eigelb zum Bestreichen

100 g Backpflaumen

Butter für die Backbleche

Arbeitszeit: 50 Minuten
Ruhezeit: 2 Stunden
Garzeit: 20-25 Minuten
E-Herd 180 °C/
Umluft 160 °C/Gas Stufe 2-3

Originell

Ergibt 8 Stück

8 nicht zu große Erdbeeren
4 Scheiben Rosinenbrot
100 g gehobelte Mandeln
4 EL Semmelbrösel
2 EL Zucker
1/2 TL gemahlener Zimt
2 Eier
400 ml Milch
Fett zum Fritieren
Puderzucker nach Wunsch

Arbeitszeit: 25 Minuten
Garzeit: insgesamt
10 Minuten
Friteuse: 180 °C

Tip

Wenn Sie kein Rosinenbrot bekommen, können Sie statt dessen auch Hefezopf verwenden. Dabei müssen Sie unter Umständen das Brot etwas zuschneiden.

Fritierte Erdbeer-Sandwiches

1 Die Erdbeeren waschen und den Stengelansatz herausschneiden. Das Rosinenbrot entrinden und vierteln. Die Mandeln grob hacken und mit den Semmelbröseln vermischen.

2 Den Zucker mit dem Zimt vermischen und dann mit den Erdbeeren vermengen. 5 Minuten ziehen lassen. Inzwischen die Eier verquirlen und die Milch in eine weite Schüssel gießen.

3 Die Erdbeeren wie bei einem Sandwich zwischen zwei Stücke Rosinenbrot stecken. Diese Sandwiches in der Milch wenden, bis sie sich vollgesogen haben – sie sollten aber nicht zu sehr aufweichen. Die Ränder zusammendrücken, so daß die Erdbeeren gut eingeschlossen sind.

4 Die Sandwiches gut abtropfen lassen, durchs Ei ziehen und nochmals abtropfen lassen. Dann die Sandwiches mit der Mandelmischung panieren und die Panade dabei gut andrücken.

5 Das Fett in einer Friteuse oder in einem weiten Topf auf 180 Grad erhitzen. Die Erdbeer-Sandwiches darin nach und nach fritieren und auf einem Küchenpapier abfetten lassen. Nach Wunsch mit Puderzucker bestreut servieren.

Beilagen-Tip
Dazu schmeckt Vanillesauce (Rezept auf Seite 111) oder auch Vanilleeis.

Preiswert
Ergibt 15-20 Stück

Für den Teig

	2 Eier
	6 EL Öl
	80 g brauner Zucker
	70 g Joghurt
	350 g Weizenmehl
	3 $\frac{1}{2}$ TL Backpulver

Für die Füllung

	300 g Magerquark
	100 g brauner Zucker
	1 TL gemahlener Zimt
	2 Bananen

Außerdem

	Mehl zum Ausrollen
	1-2 Eigelb zum Bestreichen
	Butter für die Backbleche

Arbeitszeit: 40 Minuten
Ruhezeit: 2 Stunden
Garzeit: 30 Minuten
E-Herd 180 °C/
Umluft 160 °C/Gas Stufe 2-3

Süße Brottaschen mit Banane

1 Die Eier mit Öl, Zucker und Joghurt schaumig rühren. Das Mehl mit dem Backpulver mischen und zügig mit der Eimasse verkneten. Den Teig zur Kugel formen, in Folie wickeln und 2 Stunden in den Kühlschrank legen.

2 Dann den Quark mit Zucker und Zimt verrühren, bis sich der Zucker zum Teil aufgelöst hat. Die Bananen schälen, in Scheiben schneiden und mit einer Gabel zerdrücken. Das Mus in den Quark rühren.

3 Den Teig vierteln. Die Stücke flachdrücken und auf bemehlter Fläche dünn ausrollen. Daraus Kreise ausstechen (Ø 12 cm). Den übrigen Teig erneut verkneten, ausrollen und ausstechen. Den Ofen auf 180 Grad vorheizen.

4 Je 1 EL Füllung in die Mitte der Teigkreise geben. Die Ränder mit verquirltem Eigelb bestreichen. Den Teig jeweils von vier Ecken her hochklappen und an den Kanten zusammendrücken, so daß oben noch eine Öffnung frei bleibt.

5 Die Pastetchen auf gebutterte Backbleche setzen und im Ofen in etwa 30 Minuten knusprig backen. Sie können sie lauwarm oder abgekühlt genießen.

Powidltatschgerln

Das tschechische »Powidl« bezeichnet in Österreich das Zwetschgenmus. Wir haben es also mit einer echten »k. u. k.-Mehlspeise« zu tun, und die ist nun mal nichts für eine Diät. Natürlich können Sie auf die Bröselbutter und den Puderzucker verzichten und die Powidltatschgerln direkt aus dem Topf auf den Teller geben – aber, ehrlich gesagt, ist das dann nur der halbe Genuß.

1 Für den Teig die Kartoffeln waschen und ungeschält in Salzwasser in etwa 20 Minuten bißfest kochen. Die Kartoffeln noch heiß pellen, durch eine Kartoffelpresse drücken und mit $1/2$ TL Salz sowie den übrigen Zutaten glatt verkneten. Den Teig 15 Minuten ruhen lassen.

2 Das Zwetschgenmus mit den Mandeln vermengen. Den Teig auf bemehlter Fläche dünn ausrollen und mit einem gewellten Teigrad in Quadrate mit etwa 8 cm Seitenlänge teilen.

3 Jeweils auf eine Hälfte der Quadrate 2 EL Füllung geben. Jeweils die andere Hälfte darüberschlagen, so daß rechteckige Taschen entstehen. Die Ränder fest andrücken.

4 In einem weiten Topf reichlich Salzwasser aufkochen und die Powidltatschgerln darin nacheinander in 6-8 Minuten bißfest kochen. Die Powidltatschgerln gut abtropfen lassen und auf einem leicht geölten Backblech ausbreiten, so daß sie nicht zusammenkleben.

5 Die Butter in einer großen Pfanne leicht bräunen lassen, die Powidltatschgerln darin schwenken. Zum Schluß die Semmelbrösel zugeben und die Powidltatschgerln sofort servieren. Nach Wunsch mit Puderzucker bestreuen.

Klassiker
Für 4-6 Personen

Für den Teig
400 g mehligkochende Kartoffeln
150 g Weizenvollkornmehl
4 EL Hartweizengrieß
40 g weiche Butter
2 Eigelb

Für die Füllung
150 g Zwetschgenmus
100 g gemahlene Mandeln

Außerdem
Salz
Mehl zum Ausrollen
1 EL Öl für das Backblech
60 g Butter
60 g Semmelbrösel
Puderzucker nach Wunsch

Arbeitszeit: 25 Minuten
Garzeit: insgesamt
40 Minuten

Mascarponetaschen mit Erdbeeren

1 Das Mehl mit den Eiern, dem Öl und $\frac{1}{4}$ TL Salz zu einem glatten Nudelteig verkneten. Diesen zur Kugel formen, in Folie wickeln und bei Zimmertemperatur 1 Stunde ruhen lassen.

2 Die Orange heiß waschen und die Schale mit den Zuckerstücken dünn abreiben, bis diese sich damit vollgesogen haben. Den Zucker im Orangenlikör auflösen. Mascarpone, Ricotta und Eigelb mit dem Orangenzucker schaumig rühren und zugedeckt kalt stellen.

3 Den Nudelteig auf bemehlter Fläche sehr dünn ausrollen und in zwei Stücke teilen. Ein Stück mit Folie abdecken. Auf das zweite im Abstand von etwa 5 cm je 1 TL Füllung setzen.

4 Die Zwischenräume mit Wasser bepinseln, die zweite Teigplatte darüberlegen und in den Zwischenräumen gut andrücken. Alles mit einem gewellten Teigrad in Ravioli teilen. Auf einem Gitter 15 Minuten trocknen lassen.

5 Die Erdbeeren waschen und putzen. Den Zucker mit dem Likör erhitzen, bis er sich aufgelöst hat. Die Erdbeeren mit dieser Lösung pürieren und das Püree durch ein feines Sieb streichen.

6 Die Ravioli in reichlich kochendem Salzwasser nacheinander in 3-5 Minuten bißfest kochen. Gut abgetropft mit der kalten Erdbeersauce servieren und die weiße Schokolade wie Parmesan darüberreiben.

Klassiker

Klassiker

Für 4 Personen

Für den Teig

170 g Weizenmehl
80 g Buchweizenmehl
1 Ei
100 ml kaltes Wasser

Für die Füllung

300 g frische Kirschen (ersatzweise gut abgetropft aus dem Glas)
2 EL gemahlene Haselnüsse
2 EL Semmelbrösel
70 g Puderzucker

Außerdem

Salz
Mehl zum Ausrollen

Arbeitszeit: 40 Minuten
Ruhezeit: 1 Stunde
Garzeit: insgesamt
20-25 Minuten

Tip

Sehr gut schmecken Wareniki mit einem Klecks leicht gesüßter saurer Sahne oder in heißer, mit Honig gesüßter Milch. Wer's üppig mag, kann sie auch mit einer Mohnbutter aus 50 g gebräunter Butter und 80 g gemahlenem Mohn servieren.

Wareniki mit Kirschen

Wareniki ißt man in Rußland gerne an einem heißen Sommernachmittag, wenn die Kirschen richtig reif sind.

1 Die beiden Mehlsorten mit $1/2$ TL Salz mischen und mit dem Ei und dem Wasser glatt verkneten. Den Teig in Folie wickeln und bei Zimmertemperatur 30 Minuten ruhen lassen.

2 Die Kirschen waschen, entstielen und entsteinen. Das Fruchtfleisch grob hacken und mit den Haselnüssen, den Semmelbröseln und dem Puderzucker vermischen. Die Füllung kühl stellen.

3 Den Teig auf bemehlter Fläche etwa 5 mm dick ausrollen und Kreise ausstechen (Ø 8 cm). Den übrigen Teig erneut verkneten, ausrollen und ausstechen. Die Ränder mit Wasser bestreichen.

4 Je 2 TL Füllung auf eine Kreishälfte geben, die andere darüberklappen und die Ränder fest andrücken. Nun die Wareniki auf ein Gitter geben, mit einem Tuch bedecken und 30 Minuten ruhen lassen.

5 Die Wareniki in reichlich Salzwasser nacheinander in 6-8 Minuten bißfest kochen. Gut abtropfen lassen und mit etwas Puderzucker bestreut servieren.

Mohnmaultaschen mit Äpfeln

1 Das Mehl mit den Eiern, dem Öl und $^1/_2$ TL Salz zu einem glatten Teig verkneten. Diesen zur Kugel formen, in Folie wickeln und 1 Stunde ruhen lassen.

2 Die Sultaninen abbrausen, mit dem Rum aufkochen, beiseite stellen und 15 Minuten quellen lassen. Die Butter erhitzen und den Mohn darin einmal aufschäumen lassen. Den gut abgetropften Quark mit Ei, Eigelben und Vanillezucker schaumig rühren. Mohn und Sultaninen einrühren und die Füllung zugedeckt kühl stellen.

3 Den Teig auf bemehlter Fläche sehr dünn ausrollen und halbieren. Eine Teigplatte mit Folie abdecken, damit sie nicht austrocknet. Auf die zweite je 1-2 TL Quarkmasse im Abstand von etwa 6 cm verteilen. Den Teig dazwischen mit Wasser bepinseln.

4 Die zweite Teigplatte darüberlegen, in den Zwischenräumen gut andrücken und mit einem gewellten Teigrad in Maultaschen teilen. Diese auf einem Gitter 15 Minuten ruhen lassen.

5 Die Äpfel schälen und grob raspeln. Dabei sofort mit dem Zitronensaft vermischen. Die Butter erhitzen, den Zucker einstreuen und leicht karamelisieren lassen.

6 Die Maultaschen nacheinander in reichlich Salzwasser in 3-5 Minuten bißfest kochen. Inzwischen die Äpfel zur Karamelbutter geben und weichbraten.

7 Die gut abgetropften Maultaschen auf warme Teller geben und mit den Äpfeln servieren.

Originell
Für 4 Personen

Für den Teig
300 g Weizenmehl

3 Eier

2 EL Öl

Für die Füllung
4 EL Sultaninen

5 EL Rum

3 EL Butter

2 EL gemahlener Mohn

200 g Magerquark

1 Ei

2 Eigelb

1 Päckchen Vanillezucker

Außerdem
Salz

Mehl zum Ausrollen

2 feste, säuerliche Äpfel

1 TL Zitronensaft

50 g Butter

1 EL Zucker

Arbeitszeit: 45 Minuten
Ruhezeit: 1$^1/_4$ Stunden
Garzeit: insgesamt
15-20 Minuten

Leicht gemacht

Ergibt 8 Stück

2 EL Sultaninen
4 EL Apfelsaft
6 Platten tiefgekühlter Blätterteig (450 g)
50 g Marzipanrohmasse
2 EL Crème fraîche
2 EL Johannisbeergelee
2 EL gemahlene Mandeln
4 säuerliche, nicht zu knackige Äpfel (z.B. Boskoop, je 120 g)
2 EL Zucker
½ TL Zimt
1 EL Zitronensaft
Mehl zum Ausrollen
2 Eigelb zum Bestreichen

Arbeitszeit: **45 Minuten**
Garzeit: **25-30 Minuten**
E-Herd 200 °C/
Umluft 180 °C/Gas Stufe 3

Äpfel im Blätterteigmantel

1 Die Sultaninen gründlich abbrausen und im Apfelsaft 30 Minuten quellen lassen. Die Blätterteigplatten ausbreiten und auftauen lassen.

2 Die Marzipanrohmasse zerbröseln und mit Crème fraîche, Johannisbeergelee und den Mandeln glatt verkneten. Die Sultaninen und den Apfelsaft daruntermischen.

3 5 Blätterteigplatten mit Wasser bepinseln und übereinanderlegen, dann eine trockene Platte zuoberst legen. Daraus auf bemehlter Fläche ein Quadrat mit etwa 50 cm Seitenlänge ausrollen. Dieses in 8 Quadrate mit je etwa 12 cm Seitenlänge teilen.

4 Die Äpfel schälen, halbieren und das Kerngehäuse herausschneiden, so daß eine Höhlung entsteht. Zucker und Zimt miteinander vermischen. Äpfel mit Zitronensaft einreiben, im Zimtzucker wenden und die Höhlung mit der Marzipanmasse füllen.

5 Den Ofen auf 200 Grad vorheizen. Die Äpfel mit der Füllung nach unten auf die Teigplatten geben, die Teigränder mit verquirltem Eigelb bepinseln und den Teig von vier Ecken her über die Äpfel falten. Die Kanten gut zusammendrücken. Aus der übrigen Teigplatte etwa 3 cm große Deckel ausstechen, mit Eigelb bepinseln und auf die Apfeltaschen setzen.

6 Die Apfeltaschen mit Eigelb bestreichen und auf mit Backpapier belegte Backbleche setzen. Im Ofen 25-30 Minuten garen, bis der Teig aufgegangen und knusprig ist.

Beilagen-Tip
Dazu schmeckt Vanillesauce (Rezept auf Seite 111).

Trüffeltaschen

Das mögen Kinder
Ergibt etwa 15 Stück

Für den Teig

200 g kalte Butter
4 Eigelb
80 g saure Sahne
300 g Weizenmehl

Für die Füllung

500 ml Milch
2 EL Zucker
100 g Nougatcreme
1 Ei
1 Packung Mandelpudding-Pulver

Außerdem

Salz
Mehl zum Ausrollen
1-2 Eigelb zum Bestreichen
Butter für die Backbleche
100 g dunkle Kuvertüre

Arbeitszeit: 1 Stunde
Garzeit: 20-25 Minuten
E-Herd 180 °C/
Umluft 160 °C/Gas Stufe 2-3

1 Für den Teig die Butter in Stücke teilen. Die Eigelbe mit der sauren Sahne verquirlen. Alles rasch mit dem Mehl und $1/2$ TL Salz verkneten, den Teig in Folie wickeln und 2 Stunden kühlen.

2 Von der Milch 5 EL abnehmen, den Rest mit dem Zucker und der Nougatcreme verkochen. Inzwischen das Ei trennen und das Puddingpulver mit der übrigen Milch und dem Eigelb glattrühren. Das Eiweiß mit 1 Prise Salz steif schlagen.

3 Die kochende Nougatmilch vom Herd ziehen und das angerührte Puddingpulver darunterrühren. Nochmals aufkochen lassen. $1/3$ des Eischnees unter die Creme mengen, den Rest locker darunterheben. Die Creme völlig abkühlen lassen.

4 Den Teig auf bemehlter Fläche dünn ausrollen und zweierlei Kreise ausstechen (Ø 8 und 10 cm). Den übrigen Teig erneut verkneten, ausrollen und ausstechen. Den Ofen auf 180 Grad vorheizen.

5 Je 1 EL Füllung auf die größeren Kreise geben. Die Ränder mit verquirltem Eigelb bestreichen. Die kleineren Kreise auflegen, die überstehenden Ränder nach oben falten und gut andrücken.

6 Die Trüffeltaschen mit der Rundung nach oben auf gebutterte Backbleche geben und im Ofen in 20-25 Minuten knusprig backen, dann abkühlen lassen. Die Kuvertüre im Wasserbad schmelzen und die Trüffeltaschen damit verzieren.

Rezept- und Sachregister